董晓萍 李国英 主编

"教育援青"人文学科基础建设系列

汉字构形十二讲

王宁 著

商务印书馆
创于1897 The Commercial Press

图书在版编目（CIP）数据

汉字构形十二讲 / 王宁著. — 北京：商务印书馆，
2022（2024.12 重印）
ISBN 978-7-100-21286-1

Ⅰ.①汉… Ⅱ.①王… Ⅲ.①汉字—构形法—文集
Ⅳ.① H122-53

中国版本图书馆 CIP 数据核字（2022）第 100614 号

汉字构形十二讲

王　宁　著

商 务 印 书 馆 出 版
（北京王府井大街 36 号　邮政编码 100710）
商 务 印 书 馆 发 行
北京市十月印刷有限公司印刷
ISBN 978-7-100-21286-1

2022 年 8 月第 1 版　　　开本 880×1230　1/32
2024 年 12 月北京第 3 次印刷　印张 5⅜ 插页 2

定价：38.00 元

（照片）

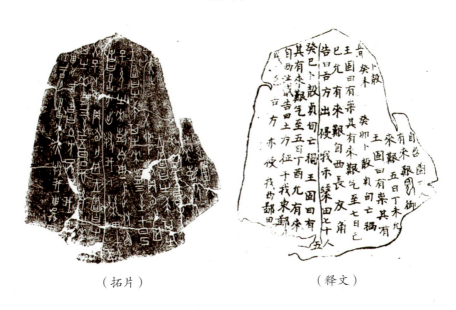

（拓片）　　　　　　　　　（释文）

彩图 1　卜辞

彩图 2　利簋及其铭文

彩图 3　秦石鼓文

教育部人文社会科学重点研究基地重大项目

"跨文化视野下的民俗文化研究"

青海省人民政府－北京师范大学高原科学与可持续发展研究院与

北京师范大学跨文化研究院"丝路跨文化研究"重大项目

（项目批准号：19JJD750003）

综合性研究成果

教育部人文社会科学重点研究基地

北京师范大学民俗典籍文字研究中心

青海省人民政府－北京师范大学高原科学与可持续发展研究院与

北京师范大学跨文化研究院"丝路跨文化研究"重大项目组

资 助 出 版

总序 "教育援青"国家战略与人文学科基础建设

　　近年国家推进"教育援青"战略，加强中国特色社会主义高等教育体系建设，高度重视多民族共同发展的高等教育事业，这项举措意义重大。西部高等教育与国家发展战略的关系，从来没有像今天这样关系密切。跨文化学对外研究世界各国多元文化，对内研究本国多民族优秀文化，可以在"教育援青"中发挥特殊作用。北京师范大学是我国高等师范教育的最高学府，在这次"教育援青"中与青海师范大学携手，责无旁贷，编写人文学科基础建设用书是实际行动之一。近期建立的青海省人民政府－北京师范大学高原科学与可持续发展研究院与北京师范大学跨文化研究院合作从事"丝路跨文化研究"的重大项目，正是诸项落实措施中的一种。这项工作的目标，是要着眼高端、立足长远、繁荣西部文化生态，认真总结西部多民族跨文化协同发展的历史经验，重视从西部高校培养具备跨文化对话能力的新型人才，促进西部高校教育的内生型发展，具体有三：一是服务于党和国家的"十四五"规划大局，辅助青海高原可持续社会建设；二是开拓内地重点高校与西部高校对口支援学科建设的新基地，实现优势教育资源共享；三是纳入双赢机制，建设青海多民族凝聚力教育事业，满足西部高校师资队伍建设与人才培养的需求。

一、建立落实国家战略的"长效机制"

我国多民族千百年来和睦相处，建设中华文明，共同创造了极为宝贵的国家文化财富，这是我国的独特历史。在中国共产党的百年党史中，始终以人民利益为最高利益，促进各民族互相尊重与平等发展，这是中国共产党创造的先进经验。在高等教育方面，20世纪以来，自五四运动、战争年代，至和平建设时期，北京多所高校专家学者投入民族社会调查和全国各民族民间文学搜集运动中，与西部高校师生携手，为今天国家大力开展的非物质文化遗产保护工作打下了基础。新中国成立七十余年来，特别是改革开放后的四十余年中，我国经济社会迅速发展，多民族高等教育蒸蒸日上，取得了众所瞩目的成就。这引来西方霸权国家的恐慌，他们挑衅我国的主权，侵犯中华民族共同体的文化权利，引起我国和世界一切爱好和平的国家与人民的强烈不满。面对世界格局的变动，我们要头脑清醒，坚持中国的道路自信、理论自信、制度自信和文化自信，同时也要认识到"教育援青"国家战略不是短期行动，而是长期任务。

北京师范大学党委书记程建平教授在2021年3月发表《构建中西部教育"结伴成长"机制》一文，明确提出了"长效机制"

的理念。他总结高校党建工作的历史经验，从正在启动的高校"十四五"规划现实任务着手，指出"长效机制"应包括：第一，把西部高校建设当作国家重点高校自身建设的一部分，共建双赢；第二，选拔"学术水平要高、办学能力要强，而且还要肯干、投入"的优秀校长，派驻西部高校，带领当地领导班子携手创建共赢局面；第三，勤奋深耕，促进内外双循环发展，"深层次的帮扶，是要帮助西部高校实现由'外部输血'到'自我造血'的转变"。总体说，这项重要的国家任务要重视吸引社会公益力量，加强内地重点高校与西部高校联手建设的对内影响力和对外辐射力，"青海师范大学高原科学与可持续发展研究院与北京师范大学跨文化研究院正式签署战略协议，标志着双方的对口支援工作再结硕果"①。

"长效机制"理念的另一层深意，是建设中国特色社会主义高等教育体系中多民族凝聚力教育的长期稳定模式，高校学者对此也有长期的认同和社会实践的传承。20世纪一批留学归国的学术大师，包括清华大学的费孝通先生、北京大学的季羡林先生、北京师范大学的周廷儒先生和钟敬文先生等，都曾为西部留下宝贵的精神遗产。费孝通先生留英归来，是西部社会人类学调研和高校民族教育的早期开拓者。季羡林先生留德归来，曾发表专题文章《少数民族文学应纳入比较文学研究的轨道》，指出："我们对国内

---

① 程建平：《构建中西部教育"结伴成长"机制》，《中国教育报》2021年3月15日第5版。另见毛学荣、史培军《西部高校如何走好高质量跨越发展路》，《中国教育报》2021年3月15日第5版。

少数民族文学，包括民间文学在内，虽然进行了一些研究，但是总起来看是非常不够的，而且也非常不平衡。"①周廷儒先生留美归来，是青海高原地理科学考察与研究的先驱，并培养了门下第一位博士，即现由北京师范大学派往青海师范大学的史培军校长。钟敬文先生留日归来，是我国民俗学高等教育的奠基人。他与费孝通、季羡林和周廷儒的看法相同，多年支持西部民间文学事业的发展，还曾亲自致力于西部高校民族民俗学人才的培养工作②。这些学术大师都是钟情于祖国西部的"海归"，是广大后学景仰的名师楷模。现在他们的大学问需要转型，这就要求今人能够继承和发展。我国比较文学学科的创建人乐黛云先生、法国汉学家汪德迈先生、法国跨文化学领军人物金丝燕教授、我国传统语言文字学家王宁先生和李国英教授、现代公益文化学开拓者陈越光先生、印度学和东方学学者王邦维教授、俄罗斯文艺学学者程正民先生和李正荣教授、文艺学和艺术学学者王一川教授、跨文化民俗学学者董晓萍教授等，都为此做出了贡献。他们也都高度重视西部高等教育③。

---

① 季羡林：《比较文学与民间文学》，北京大学出版社1991年版，第333页。

② 参见董晓萍《钟敬文先生对新时期民俗学科的重大建树——兼谈〈北京师范大学学报〉与民俗学科的发展》，《北京师范大学学报》2012年第5期，第30—39页。

③ 参见曹昱源《青海师范大学与北京师范大学合作启动"青海高原丝路跨文化研究"重大项目》，乐黛云、〔法〕李比雄主编《跨文化对话》第44辑，商务印书馆2021年版，第260—261页。

二、跨文化学在文化内部多民族相处与对外文化交流两端发挥作用

在我国,跨文化学不可替代的功能是,对外研究人类命运共同体文化,对内研究中华民族凝聚力文化,在高校培养具备跨文化能力的新型人才,这对于在世界百年未有之大变局中,在"教育援青"国家战略的背景下,加强西部高等教育,是一种必要的助力。

此时特别要提到语言学、民俗学、民族学、历史学、东方学和社会学的贡献。五四以后,在我国传统国学中,从文史哲三门,发展出上述现代人文社会科学。在新中国时期,在社会主义新文化建设中,建成了相应的高等教育人才培养机制。自20世纪60年代人文思潮革命后,国际上出现跨文化历史学的研究倾向。我国在扩大改革开放和深化对外交流后,转向文明互鉴视野下的人文社会科学研究,再转向跨文化中国学教育[①],这是一个逐步发展的过程。

在这次实施"教育援青"的国家战略中,跨文化学的介入,可以对西部高等教育带来以下促进发展的新视点:

一是纳入多元文化交流机制,提升健康文化生态的建设水平,补充多民族凝聚力教育事业的新个案。在中华文明长期发展的过程中,中央与地方、上层与民间、汉族与兄弟民族、中国与外部世

---

① 参见董晓萍《文化主体性与跨文化》,《西北民族研究》2019年第2期,第66—69页。

界，彼此互动，形成了和而不同、和平共处的中国模式。这是一种中国模式，它在世界四大古老文明中独立呈现，并友好共享。今后还要在新的层面上建设，并将之综合运用到跨文化对话之中，以便更加有利于向世界提供中国经验。

二是纳入文化生态平衡机制，筑牢内地高校与西部高校对口支援的基础。文化生态资源的差异化，与国家教育事业多元统一的格局，在某种程度上说，这是一个矛盾统一体。但当今世界变局又说明，在捍卫国家文化主权的前提下，重新认识这个矛盾统一体，建立平等、尊重和优势共享的教育机制，是十分必要的。它有利于搞好世界治理、国家治理和社会治理。中国历经数千年而稳定发展的奥秘，就在于用心构筑和创新维护这个矛盾统一体。当然，世界发展到今天，我们还要补充建设跨文化知识体系，耐心观察和认真建设单一文化与多边文化的接触点与交流点，精准发力，营造新时代的优秀人文文化，用现代汉语说叫"对口"。具体到北京师范大学与青海师范大学的合力共建、扎实落地的一步，就要进行学科"对口"建设支援，这样才能掌握差异中的平衡点，打造共赢空间。

三是纳入未来价值机制，辅助青海可持续发展，提升服务于"十四五"规划的大局意识。内地高校与西部高校虽不乏差异，但双方也长期拥有共享价值，即中华民族共同体价值观。中国儒家文化最早揭示了人际关系中的价值文化，而这种古老的关系价值还要依靠充分吸收我国多民族跨文化相处的历史智慧和现代经验，并提炼新思想，才能构建未来价值观。

在高等教育方面，跨文化学教育的特点，就是强调跨文化中国学教育，高度重视我国多民族文化资源、教育经验及其社会功能。当代内地高校与西部高校的共建活动，已不再是少数精英的单边意愿和单向的教学输出活动，而是多边行动。跨文化中国学教育要通人脉、爱和平，教育各民族新一代大学生和研究生，在现代社会中掌握跨文化学的理论与方法，做到文化间的互相欣赏、忍耐差异、宽容彼此和尊重他者，成为新型国际化人才。今日求学，明天放飞。

三、西部高校"人文学科基础建设系列"著作的特征

自2018年起，随着"教育援青"工作的推进，在青海师范大学方面，已将青海地区的社会发展、多民族高等师范教育与"两弹一星"精神教育三位一体进行建设。2021年以来，青海师范大学高原科学与可持续发展研究院与北京师范大学跨文化研究院携手合作，共同从事"丝路跨文化研究"重大项目。在该项目的教学科研成果中，专门设立"人文学科基础建设系列"，拟于2021年年内完成，交由商务印书馆出版，于2022年春季和秋季学期投入使用。

"人文学科基础建设系列"的定位是，促进建设中华民族共同体格局下的跨文化中国学教育事业。

这套"人文学科基础建设系列"的理念是，服务于"长效机制"

的基础学科建设，而不是编制短期支教的培训班方案。作者都是人文科学领域有代表性的学者、教授和博士生导师，具有几十年指导本科生和研究生的经验。他们以无私奉献的情怀投入这项工作，针对西部高校学科建设的实际需求，提供跨文化中国学的教育成果，同时输入国际前沿学术信息，做到高端教育与对口帮扶相结合，专业需求与交叉研究相结合，以及内地高校优势教育资源与青海多民族特色资源保护吸收相结合，人人争取在"教育援青"中多出一份力。

"人文学科基础建设系列"的适用学科，包括汉语言文字学、民俗学、民间文学、民族学、文艺理论、古代文学、现代文学、中印比较佛学、东方学、比较文学与世界文学，以及其他相邻学科和注意吸收人文学科研究成果的自然科学学科。

"人文学科基础建设系列"的使用范围，适合高校的基础课、专业课和选修课使用，也为西部高校利用这套教学用书再去培养下一代人才做好准备。

"人文学科基础建设系列"的撰写和出版，得到北京师范大学和青海师范大学领导的大力支持，商务印书馆学术编辑中心做了大量实际工作，北京师范大学－青海师范大学高原科学与可持续发展研究院、北京师范大学跨文化研究院给予充分重视，在此一并郑重致谢！

董晓萍　李国英

2021年6月25日

自　序

汉字学从传统"小学"到古文字学,已经发展到一个相当深入的程度,但是,那些研究成果,在教学和普及领域仍然难以被一般人接受。不论是学习传统"小学",还是学习古文字学,入门都很困难。深究其原因,实在是因为汉字学缺乏基础理论,没有最基本的理论体系将初学者引进门的缘故。1999年,在高等师范院校面向21世纪的课程与教学改革的实验项目中,"汉字学"被列入了中国语言文学专业的必修课,那时候,把有关汉字学最基础的部分抽取出来,梳理出一个术语系来,给初学者和普及领域建立一种基本原理,以便更多的人能对汉字有一个科学的认识,已经是无可回避又不能耽延的任务。

但是一动手去做这件事,我才知道普及和应用是对研究成果最大的考验,我在《我和中国的传统语言文字学》一文中曾经说过:"总结基础理论的确是一种不易被承认的工作。一种现象,初接触时迷惘困扰,脑子里翻江倒海,一旦弄明白了上升到理性,说出来却是如此平淡无奇。凡是总结得成功的规律都是十分平易的,不像解读一个谁也不认识的生僻字那样显得功夫深。"在总结汉字构形基础理论时,我确实经历了这样一个过程。困难的是既要浅易还要深入到本质,更难的是不得不突破,还要具有说服力。

　　总结汉字构形系统的理论，我是从研究小篆构形系统开始的。在构形系统描写的基本操作方法确立后，为了考验一些基本的原理和方法是否适用于历代的、各种字体的汉字，我陆续请十几位博士用汉字构形学的术语系和操作程序先后对甲骨文、西周金文、春秋金文、战国楚帛书文字、战国三晋文字、睡虎地秦代古隶、马王堆帛书文字、居延汉简文字、东汉碑刻文字、唐代碑刻文字、宋代手写文字等实际应用的共时汉字，认真地搜集、聚合、整理并对其构形系统加以描写。同时我还把汉字构形分析的操作原则，运用于"GB13000-1字符集信息处理用现代汉字部件规范"这个项目中，由此制定出将每个字分析到基础部件的操作条例。这两项实践，既要面对汉字发展历时层面不同字体的每个汉字的构形分析，又要面对楷书尤其是简化字中理据丧失的诸多复杂现象。通过这两项工作，一方面极大地增强了我对汉字构形具有系统性这一理论的信心，另一方面也在很多参与者的具体实践中获取了更多的信息，也进一步完善了理论与方法。从1985年到2003年用了18年的时间，不过是建构了一个基本原理，初步解决了表意汉字构形系统的证明与描写的问题。总的结论是：以"六书"为出发点的传统汉字学，既需要继承，也需要反思和更新。

　　汉字构形学的理论建构，伴随着它的普及和应用问题，这一点，我是从1995年开始考虑的。那一年，《中国教育报》设立了一个"语言文字"的专栏，每月一期，我用了一年的时间，在这个栏目连载了《汉字构形学讲座》，同时把汉字构形学最基本的内容，引进了由我主编的北京市小学教师自学考试教材《汉字汉语基础》。2000年"全国小学识字教学方法研讨会"在北京召开,"国际语文教学研讨会"在香港召开,我的主题发言题目是"汉字教学原理和各类教学方法的阶段适应性",我把《汉字构形学讲座》作为附件在这两个会上印发,为的是向语言教学第一线的老师征求意见。从1995年到2000年,我收到许多中小学老师的来信,他们提出了很多教学中的问题,触动我不断思考,也从实际教学中帮我补充了很多例子,帮助我进一步把汉字构形学理论充实、完善,也进一步通俗化。2002年有了一个机会,上海教育出版社正式出版了《汉字构形学讲座》,字数从连载的2.1万字增加到4.7万字。之后,2013年,台湾三民书店出版了《汉字构形学讲座》的增补版。2015年,商务印书馆出版了以阐释理论为主的《汉字构形学导论》。

本书是在上海教育出版社普及版的基础上修订的,书名改为《汉字构形十二讲》,但毕竟是在增补版和《导论》出版之后了,该补充的也需要补充上去,所以有较多增补,特别是与汉字规范和汉字教学有关的第十一讲和第十二讲,吸收了台北版和商务版的一些内容,全书字数也从4.7万扩充到7.5万。

本书作为汉字学的基础理论教材,提供给西部的高等师范院校中文专业的师生和中小学语文老师,愿和我曾经工作过25年的西北地区同行切磋讨论,共同提高。

王　宁

2021年年末

目　录

第一讲　汉字的性质 ……………………………………………1

第二讲　汉字学与汉字构形学 …………………………………9

第三讲　构形与构意 ……………………………………………19

第四讲　汉字字体的演变和溯本复形 …………………………29

第五讲　汉字的书写元素与构形元素 …………………………39

第六讲　汉字的结构次序与构件的组合样式 …………………49

第七讲　构件在组构中的功能 …………………………………58

第八讲　汉字的构形模式与"六书" …………………………71

第九讲　汉字构形的共时相关关系 ……………………………86

第十讲　汉字构形的历时传承关系 ……………………………101

第十一讲　汉字构形系统及汉字的整理与规范 ………………113

第十二讲　汉字构形规律与汉字教学 …………………………128

第一讲　汉字的性质

　　如果把新石器时代仰韶文化早期定为汉字起源的上限，那么，汉字已经有六千年的发展历史。即使是从殷商甲骨文算起，汉字也已经不间断地发展了三千六百多年。它书写了中华民族的历史，载负了光辉灿烂的中华文化；它具有超越方言分歧的能量，长期承担着数亿人用书面语交流思想的任务；它生发出篆刻、书法等世界第一流的艺术；在当代，它又以多种方式解决了现代化信息处理问题而进入计算机，迎接了高科技的挑战。汉字是中国文化的基石。

　　讨论汉字构形问题，首先要明确汉字的性质，因为，不同性质的文字，构形的依据是不同的，维系字与字关系的纽带也不同，分析它们个体构形与构形系统的方法也会完全不同。不明确汉字的性质，就无法讨论汉字的构形问题。讨论文字的性质要依据下面三个原则：

　　第一，文字是记录语言的，文字构形一定要与语言有一定的联系，才能起到语言载体的作用。所以，文字的性质首先取决于这种文字的形体与语言如何联系。

　　第二，文字有自己的演变历史，有些文字——比如汉字——还有相当长时期的发展历史，讨论文字的性质要看这种文字历史发展的全过程。也就是要看这种文字在发展过程中性质是否发生了改变。考察汉字的性质，应当考察从甲骨文开始，历经两周金文、秦代小篆，直至隶变、楷化，从古至今性质是否发生了根本变化，是否有变化的趋势。

第三，文字不是孤立的字符，它的总体是成系统的，是按一定的区别原则和组构手段结合而成的体系。讨论文字的性质要看整体系统，而不应拘泥于一字一符或某一类字符。

根据第一个原则，世界上的文字只能有两种体系。费尔迪南·德·索绪尔（Ferdinand de Saussure）说：世界上"只有两种文字体系：（1）表意体系。一个词只用一个符号表示，而这个符号不取决于词赖以构成的声音。这个符号和整个词发生关系，因此也就间接地和它所表达的观念发生关系。这种体系典范例子就是汉字。（2）通常所说的'表音'体系。它的目的是要把词中一连串连续的声音模写出来。表音文字有时是音节的，有时是字母的，即以言语中不能再缩减的要素为基础"①。我们在这里引用索绪尔的说法，是因为在根本原则上，他和我们的想法一致：他把世界上的文字体系分为两个大类，是从文字记录语言的本质出发的。口头语言有两个要素——音和义，记录语言的文字，只能从中选择一个要素来作为构形的依据；所以，文字形体直接显示的信息只能或是语义，或是语音。世界文字体系的两分法，也正是按照文字构形的依据来确定的。

根据这个原则，汉字属于表意文字体系。汉字构形的最大特

---

① 〔瑞士〕费尔迪南·德·索绪尔：《普通语言学教程》，高名凯译，商务印书馆1985年版，第50—51页。其中"有时是字母的"一句，引自高译原文，应作"有时是由字母表示的音素的"理解。"而这个符号不取决于词赖以构成的声音"一句，高名凯原译为"却与词赖以构成的声音无关"，伍铁平根据法语原文校正。本处引用根据伍校改正。

点是它要根据汉语中与之相应的某一个词的意义来构形，因此，汉字的形体总是携带着可供分析的意义信息。从历代汉字的构形系统考察，各共时平面上的汉字的整体系统，都是按表意原则维系的。拿汉字和英文比较，可以清楚地看出二者构形依据的不同。例如，英语 book 直接拼出了意义为"书"的这个词的声音而成为这个词的载体。汉语"册"则用皮韦穿竹简的形态表达了它所记录的书册一词的意义而成为这个词的载体。

需要说明的是，就两种文字记录语言的职能而言，它们既是语言的载体，音与义又是密不可分的语言的两大要素，当然同时记录了语言的音与义，表音文字绝非只记录音而与义无关，表意文字也不是只记录义而"与词赖以构成的声音无关"。在记录语言的词的职能上，表意文字和表音文字并无区别。表音文字和表意文字一样，它的符号都是"和整个词发生关系"，只是它们连接词的纽带有的是语音，有的是意义而已。为了不把文字记录语言的职能和它构形的依据混淆，更准确的称谓应当说，英文是**拼音文字**，汉字是**构意文字**。

有些理论认为，世界文字发展要经历表形（象形）、表意、表音三个阶段，从这个理论出发，它们认为表意文字处于文字发展的第二阶段，因此必然要继续发展为拼音文字。这个说法首先不符合世界文字发展的事实，世界文字大都起源于图画文字，但是并不一定都经历三个阶段，表音和表意是图画文字发展的两大趋势。世界上许多古老的文字，例如非洲的古埃及文字、西亚的美索不达米亚的楔形文字等，都经历过由图画文字向表意文字发展的过程。但是，这些表意文字很快就失去了使用价值，变得不可释读了，它们虽然经历了三个阶段，但是就发展趋势而言，向表音发展是其趋势。汉字也起源于图画文字，但是，延续图画象形文字的发展趋势是表意，在数千年的历史发展中，汉字顽强地维护着自己的表意文字特点，一方面又不断地为了适应被它记录的汉语而进行了内部调整，成为世界上最古老的、具有严密系统的表意文字。像汉字一样的表意文字还有不少，它们虽然没有汉字这么长的发展历史，但也绝不是"三阶段论"所能概括的。我们主张**"世界文字发展两种趋势"论**，不同意"三阶段论"的观点。

根据第二个原则，我们需要讨论汉字在漫长岁月的不间断发展变化中，是否一直属于表意文字，是否有向表音体系发展的趋势。

汉字在表意与表音的相互促进中，一直顽强地坚持自己的表意特点，不断地采用新的方式，增强个体符形和整个符号系统的表意功能。

这主要表现在三个方面：

第一，当意义发生变化或符形笔势化以后，汉字常要改造自己的符形和对字义的解释，以创造形义统一的新局面。例如，当汉字所记录的词所指的事物发生变化后，汉字总是及时调整它的义符，使之适应事物的特点。"砲"本从"石"，火药发明后，形体演变为从"火"的"炮"。"快"在唐宋本有从"马"的俗字，写作"駃"，交通发达后，马不再代表最佳速度，就由表示"快感"的意义"快"引申了，等等。再如，当原初构形的意图因符形演变而淡化，汉字便采取添加义符的方式来增强其表意功能，象形字加义符的如"纹""韮"，会意或形声字已经有了相关的义符再度累加的如"捋""援""歌"等就属于这种情况。这些都说明，汉字总要最大限度地在符形上增加意义信息，来坚持自己的表意特点。

第二，由于书面语与口语可以即时互相转化（口语被记录，则转化为书面语；书面语被读出或唱诵，则转化为口语），在此过程中，语音信息一时之间会变得异常强烈，加之有些抽象意义的词因义构形又比较困难，因此汉字在甲骨文时代就产生了一批同音借用字，即不再为某些词构形而借用同音字为符号。例如："戚"的本义是"斧子"而借作"悲戚"字，"舍"的本义是"房舍"而借作"舍弃"字，"介"的本意是"甲介"而借作"疆介"字，等等。但是，表意的汉字群体对这些脱离意义的音化符号有"排异"作用，为时不久，它们便加上了相关的义符，分别写作"慼""捨""界"等，再度义化。正因为如此，汉字中的假借字向形声字转化，成为一种规律。形声字是以义符为纲，并利用声符作为别词手段的。

第三，汉字职能的发挥，是由两个不可缺少的环节合成的，这就是书写和辨认。就书写而言，人们终是希望符号简单易写；而就辨认而言，人们又希望符号丰满易识。然而越简化，就越易丢掉信息，给识别带来困难；追求信息量大、区别度大，又难免增加符形的繁度，给记录增加负担。二者的要求是矛盾的。汉字就在这易写与易识的矛盾中，不断对个体符形进行调整，以实现简繁适度的优化造型。调节字形的杠杆是汉字的表意性质。汉字总是不断减少构件与笔画，来减少书写的困难和减轻记忆的负荷，但是，这种简化一般是在不影响表意与别词的前提下进行的。汉字在第一次规范的时候做过一次有意识的省减，这就是从大篆到小篆的省减，这次省减主要是省去多余的部件。例如：

　　大篆很多从䖵的字，小篆都改从虫。
　　大篆"集"作䰜，小篆作集。

5

大篆"流"作 ，小篆作 。

大篆"涉"作 ，小篆作 。

这是一次人为的自觉简化。从古文字到今文字的隶变，是一次自发的简化，简化的力度很大。但是，汉代碑刻的隶书文字经过归纳整理后，表意性尚存的占91％左右，马王堆出土帛书传抄上古典籍的隶书文字，保留表意性的占89％以上。现代汉字形声字已达90％以上，义符的表义能度也较好地保留下来。这些都表明，在历史上，汉字不论怎么简化，都不会把应有的意义信息全部舍弃，决定简化程度的下限，一般是汉字表意特性的保留。在这里，我们看不到汉字向表音发展的趋势，只看到汉字顽强坚持表意性的事实。

根据第三个原则，我们需要考察汉字不同类型的符号是否都能列入表意体系。其中特别需要论证的，是带有示音构件的形声字是否仍然可以在表意系统中找到自己的位置。

早期形声字主要有三个来源：

第一，强化形声字。 象形字构成以后，由于识别的需要，就为它增加一定的信息。有的增加声音信息，如象形字"星"加"生"，象形字"雞"加"奚"等。这种用声音来强化象形字的方式，很快就没有能产量，不再用来构字了。另一种强化形声字，就是前面所说的，象形字的象物性淡化以后，加表义构件强化它的意义类别从而使原字转化为声符的形声字。

第二，分化形声字。 分三种情况：

第一种，借义分化， 也就是前面所说的，假借字与本字共用一字，加表义构件将它们分化。例如：

　　"房舍"与"舍弃"因假借共用一字,加"扌"作"捨",表示"舍弃"。

　　"亲戚"和"悲戚"因假借共用一字,加"心"作"慼"表示"悲戚"等。

　　第二种,**广义分化**,早期一个字表示的意义比较宽泛,后来为了区别,分别加表义构件或另改表义构件分化为意义指向更具体的字。例如:

　　"介"——加表义构件分化为"界""紒"等字。

　　"和"——改表义构件分化为"盉""龢"等字。

　　第三种,**引义分化**,当字所记录的词引申出新的意义时,加或改表义构件分化出新字。例如:

　　"止"由"脚"的意思引申出"停止"义,"脚"义改写为"趾",再引申为"地点"义,分化出"址"。

　　"窄"由"狭迫"义引申出"压迫"义,分化出"榨"。

　　"化"由"变化"义引申出"差错"义,分化出"讹"。

　　第三,类化形声字。形声字的格局形成后,有些本来不是形声字的字,受同类字的影响也加上了义符。例如,"示"部形声字形成后,"禮""福"等字原来都是象形字,到小篆阶段,也受到类推的影响,因类化而加上了义符"示"。

　　从早期形声字的来源看,它们不但不是表音性的产物,而且明显是汉字顽强坚持表意性的结果。用加声符来强化象形字的方法所以很快就不再使用，正是因为这种做法没有增加意义信息，与表意文字的性质不相适应。而其他几类形声字，所增加的都是意义信息，声符是因为加义符被动转化而成的。所以，形声字是以义符为纲的。

当形声字的声义结合的格局形成后，也有一些字是由一个义符和一个音符合成的，这种形声字也是以义符为纲，以音符作为区别手段的。

正因为汉字的声符不需要准确标音，没有引读作用，所以汉字才能超时代、超方言。也是因为汉字的表音机制很不完备，推行《汉语拼音方案》才是十分重要的。如前所述，汉字的形声字虽然有很大比例，但形声字的声符本来就是用近似的声音来起别词作用的，经过数千年的历史演变，声符对形声字的直接标音作用更加弱化。作为表意文字的汉字，必须有一套科学的记音符号来协助标音，推行《汉语拼音方案》，是弥补表意汉字不足的一个不可缺少的措施。

汉字的表意性质确定了，我们便可以知道，汉字构形的分析、汉字构形系统的描写，都是要考虑到意义因素的，是要把形义统一起来的，所以，它只能使用适合汉语与汉字的方法。西方语言学的方法和原则它可以参考，但难以完全照搬。汉字的表意性质是汉字构形学理论与方法的基础。

第二讲　汉字学与汉字构形学

　　表意文字和拼音文字是世界文字中并存的，代表着两种发展趋势的文字系统。它们各有其特点，又各有其发展规律，而汉字又是表意文字的代表，所以，研究汉字的构形特点和使用规律，不仅是中国文字学的课题，而且是世界文字学的课题。

　　汉字学是以汉字为研究对象建立起的一门学科，从汉代的"小学"算起，这门学科已有一千多年的历史，它发展到今天，实际上形成了以下四个方面的分支：

　　1. **汉字构形学**。探讨汉字的形体依一定的理据构成和演变的规律——包括个体字符的构成方式和汉字构形的总体系统中所包含的规律。就汉字的发展历史来说，不同历史阶段的汉字构形具有各自的特色，而汉字构形学要能涵盖各阶段汉字构形的诸多现象，为研究各阶段汉字提供基础理论和基本方法。

　　汉字形义学与汉字构形学是从不同角度提出来的。这种研究从理论上说，是要抓住汉字因语素的意义而构形的特点，总结出汉字形义统一的规律，在此基础上，探讨如何通过对汉字形体的分析达到确定它所记录的词的词义这一目的。从实践说，是要借助字形的分析来探讨古代文献的词义，为古书阅读和古籍整理提供语言释读的依据。

　　汉字构形学与汉字形义学是一项工作的两个方面。前者借助于意义,探讨的中心是形体,所以属于汉字学范畴;后者借助于字形,探讨的中心是意义,所以属于训诂学或文献词义学范畴。

2. 汉字字体学。汉字字体指不同时代,不同用途(鼎彝、碑版、书册、信札等),不同书写工具(笔、刀等),不同书写方法(笔写、刀刻、范铸等),不同地区所形成的汉字书写的大类别和总风格。汉字字体在今文字阶段形成了正规字体和变异字体的差异。一般把隶书、楷书称作正规字体,行书、草书称作变异字体。变异字体的结构是对正规字体结构有系统的变异,因此,它们的构形系统依附正规字体而存在。研究汉字字体风格特征和演变规律,探讨变异字体——行书和草书结构的变异规律,是汉字字体学的任务。

汉字字体与书写方式有直接关系,到今文字阶段,汉字有了书写规则,因而产生了书写汉字学。书写汉字学的主要任务是从运笔和结字两个方面总结写字的规则,并总结由于书写而产生的各种现象,并对这些现象的实质和来源进行解释。

3. 汉字字(形)源学。尽量找出汉字的最早字形,寻找每个字构字初期的造字意图,也就是探讨汉字的形源,也叫字源,这是汉字字源学的任务。字源学是研究探讨形源的规律和汉字最初构形方式的学科。

汉字字用学与汉字字源学是从不同角度提出来的。个体字符造出后,并不是永远用来记录原初造字时所依据的那个词或词素,它的记录职能时有变化。字用学就是研究在具体的言语作品里汉字字符记录词和词素时职能的分化和转移的。

汉字字源学探讨原初字形,属于汉字学范畴,字用学探讨汉字记录汉语的实际职能,属于训诂学或文献词义学范畴。

4. 汉字文化学。这种研究有两方面的目的:一方面是宏观的，即把汉字看成一种文化事象，然后把它的整体放在人类文化的大背景、巨系统下，来观察它与其他文化事象的关系，这是宏观汉字文化学；另一方面则是微观的，即要研究汉字个体字符构形和总体构形系统所携带的文化信息，对这些文化信息进行分析、加以揭示，这是微观汉字文化学。总之，汉字文化学是在作为文化事象的汉字与其他文化事象的互证关系中建立起来的。如果说，汉字构形学是描写的，那么，汉字文化学则是解释的：它要从历史文化和客观环境出发，对汉字个体字符构形的状态及其原因加以解释，同时对汉字构形总体系统及其演变的历史所以如此的原因做出回答。

汉字学这四个分支的内容是互相联系、密不可分的，而汉字构形学则是其他三个分支的枢纽和基础。这是因为，通常所说的汉字三要素形、音、义，音和义都是汉字作为汉语的载体由汉语那儿承袭来的，只有字形是汉字的本体。不论研究汉字的字源、字用、风格和它所携带的文化信息，都必须先把汉字的构形规律搞清楚。

历代的汉字学，包括汉字形义学、汉字字用学、汉字文化学、古汉字考释学、汉字形体演变学……都取得了不少成就。但是，真正的、具有科学理论体系的汉字学基础理论，至今并未完善；这是因为对汉字本体的研究，一直没有得到足够的重视。

什么是汉字的本体？汉字是记录汉语的视觉符号，它的音与义来源于汉语，字形才是它的本体。在中国，把字形作为汉字的中心来探讨，从理论上研究其内在的规律，必须首先克服传统汉字观造成的两种固有的积习。这两种积习，都是早期汉字研究的实用目的带来的。

中国古代的文字学称作"小学"，因"周礼八岁入小学，保氏教国子，先以六书"这一制度而得名。它的目的开始是起点很低的识字教学，两汉经今古文斗争以后，因古文经学家的推崇，一下子上升为考证、解读儒家经典的津梁，也就是讲解古代书面文献的工具，而有了崇高的地位。汉字所以能成为解读古书、考证古义的依据，不仅因为它具有记录汉语的功能，还因为它始终是表意文字系统，据义而构形，从字形上可以探求词的本义，以本义推导引申义，再加上语音的因素找到本字而辨明假借义。由词义而句意，由句意而章旨，由章旨而知文献所传播的思想。这种十分明确的解读文献的实用目的，造成了"小学"固有的形、音、义互求的传统方法，而这种方法必然是以义为出发点又以义为落脚点的。"六书"是传统文字学分析汉字构形模式的凡例与法则，但是，"六书"的前四书虽勉强可以涵盖《说文》小篆的构形类型，后二书却与构形没有直接关系。细究"六书"的意图，很大成分是着眼在探求形中的意（造字意图）和义（构字所依据的词义）。只有兼从"释字之法"而不是单从"造字之法"的角度，也就是汉字形义学的角度，才能准确理解"六书"。而通过造字意图来探求词义，已经跨越到语言学范畴，并非单纯的汉字本体研究了。"字"在"小学家"心目中常常是"词"的同义语。正是因为他们忽略作为语言载体的文字相对的独立价值，才经常弄得"字"与"词"混淆，文字学与训诂学划不清界线。

同样由于解读文献的实用目的，"小学家"对汉字的关注一般是以个体为对象的。汉代及此后纂集的"小学"专书，大多以音、义为纲来订编则，以形为纲的《说文解字》尽管包含着十分宝贵的构形系统的思想，但是由于使用它的人解读文献的实用目的太强烈了，后代人对它的应用，多数都着眼在对单个汉字的考据；而对它的评价，自然也以它提供的每个形体与意义考证的效果为标准，较少注重书中包含的构形系统思想。后代《说文》一类的字书在理论的自觉性上比之《说文》远远不如，绝大多数只是袭用《说文》的框架来罗列字形——而且是不同历史层面的字形——因而很难看出汉字形体所具有的系统性。

汉字本体的研究必须以形为中心，而且必须在个体考证的基础上探讨其总体规律。传统文字学在研究上以形附属于义、着重个体而忽略总体的习惯，便无形之中成为这种本体研究的障碍。加之历代字书都不区分字形的历史层面，提供不出一批经过整理的系统字料，创建科学的汉字构形学便更加难以起步。没有一套能够分析汉字构形系统的基础理论与可操作方法，有关汉字的许多争议问题便不易取得共识，汉字史的研究也就难以取得突破性的进展。

传统文字学并非完全没有认识到研究汉字总体的重要性，字书对字的类聚本身就表现出"小学家"认识汉字总体的愿望。而且任何单字的考证都必须借助大量相关字形作为参照，考据家不可能没有总体与个体关系的意识；但是，传统文字学仍然不能完成创建汉字构形学的任务。这是因为，古代哲学与科学的发展，未能给它提供分析总体字形内部结构的理论和方法，因而面对三千多年不断变化又不断积淀的数万汉字，他们难以由纷繁之中见其规律。

近现代文字学的许多专家对汉字理论的研究，为汉字构形学的创建打下了良好的基础。同时，出土文字的自觉考证和古文字学的建立，不但使汉字构形的规律逐步得到了多方的印证，而且使文字断代的观念得到了强化。从甲骨文到秦篆历代古文字大量形体的实际面貌，隶变以后汉字形体演变的复杂事实，都对传统"六书"提出了挑战，进一步说明了"六书"仅对秦代规范的小篆是适合的,但是它无法覆盖历代的汉字构形。为了使汉字构形的类型划分能够切合古文字的实际,一些文字学家提出了"三书"说,但是,"三书"说对古文字说来过于笼统,对今文字说来又不完全切合,始终未能将"六书"替代下来。"六书"明显的局限性,增加了进一步总结汉字构形的必要性和迫切性;但是,从新的角度来看"六书",又使我们产生了以下的看法:"六书"本来是以秦代规范的小篆为基础总结出的汉字结构分析模式,它所以能统帅汉字构形分析几千年,主要是它的"结构-功能"分析法适合表意文字形体结构的特点,传统"六书"不应当抛弃,而应当为汉字构形学的总结提供一种合理的思路。

汉字构形学的理论基础是什么?

辩证唯物主义的哲学思想,给汉字构形学的创建提供了理论与方法。它指导我们把中国古代"小学"中的朴素的辩证方法和从自然科学中总结出的系统论思想加以比照,上升为理论,再参考西方结构主义语言学的一些适合汉语的合理原则,构建出分析汉字构形体系的可操作方法。

东汉许慎所著的《说文解字》,贮存并整理了秦代"书同文"后统一的、经过简化的篆字,这批篆字中的主要部分,首先被收入小学识字课本,字形上经过严格的规范。其他扩展部分收入的字形,也经过编著者许慎的优选。就资料而言极为可贵的是,许慎对《说文解字》的编排及对汉字的处理,已经表现出十分明确的系统论思想,在他的思想基础上略加整理便可看出,在小篆阶段,汉字构形系统已经成熟。

20世纪初,奥地利生物学家贝塔朗菲(Ludwig von Bertalanffy)提出了一般系统论的基本思想。他给"系统"下的定义是:处于一定的相互关系中并与环境发生关系的各组成部分（要素）的总体。在语言学领域，索绪尔首先把系统论的思想用于共时的语言学，提出了结构主义的语言学方法。美国的结构语言学发展了描写的语言分析方法①，欧洲结构语言学形成了功能的和语符的分析方法②。这些方法原则，都可以帮助我们，把传统文字学本来就有的系统思想，进一步提升为操作性较强的汉字构形学。

　　汉字作为一种信息载体，一种被社会创建又被社会共同使用的符号，在构形上必然是以系统的形式存在的。在共时历史层面上的汉字总体，应当有自己的构形元素，这些元素应当有自己的组合层次与组合模式，因而，汉字的个体字符既不是孤立的，也不是散乱的，而是互相关联的、内部呈有序性的符号系统。个体字符的考据只有在整个系统中找到它应有的位置，才能被认为是可信的和合理的。仅仅探讨汉字个体字符的形体变化不能称作汉字史。只有在弄清个体字符形体变化的基础上，考察出汉字构形系统的总体演变规律，并且对这种演变的内在的和外在的原因做出符合历史的解释，才能称为汉字史。汉字构形学应当为各个历史层面上汉字构形系统的描写和历时层面上汉字构形不同系统的比较服务，为之建立基础的理论与可操作的方法。描写是解释的前提，比较又是探讨演变规律的必要条件。毫无疑问，这种汉字构形学的建立，会使汉字学与汉字史都进一步科学化。

---

　　①　爱德华·萨丕尔（Edward Sapir）1921年出版的《语言论》和伦纳德·布龙菲尔德（Leonard Bloomfield）1933年出版的《语言论》为奠基之作。

　　②　以 N.特鲁别兹科依（Nikolai Sergeevich Trubetskoi）和雅各布森（Roman Jakobson）为代表的布拉格"功能学派"，以 L.叶姆斯列夫（Louis Hjelmsler）为代表的哥本哈根"语符学派"在结构主义语言学方法的完善和理论的发展上，起了重要作用。

汉字构形学的性质与任务是什么?

汉字构形学的基本方法是对共时平面上的汉字存在的形式加以描写,所以,它属于共时的描写汉字学。它不涉及汉字的诸多复杂现象,只是对有关汉字的基本概念和描写汉字构形的基本方法和程序加以说明,所以它属于基本理论和基本知识这个层面。

处于共时层面上的汉字是杂乱无章的还是以系统的形式存在的?这是一个并未经过验证的问题。要想验证汉字构形的系统性,必须保证字料的共时。这些字料还必须属于同一体制。而验证的方法则是将这个共时的构形系统描写出来。

汉字构形学的创建是以汉字构形系统的存在为条件的。它的任务应当是:

第一,认识汉字构形的种种现象的实质,为其设置术语;

第二,提出整理汉字的可操作方法,特别是由大量异写字与异构字中优选出代表字作为信息代码的原则和方法;

第三,提出用共时平面上的同一形制的汉字为字料,描写汉字构形系统的方法;

第四,提出对不同历史层面的构形系统进行比较的可操作方法;

第五,在树立系统的观念后,提出对个体字符的分析、考证及相关关系的比较方法。

汉字构形学有着十分广泛的应用价值:

第一,它是探讨汉字史的必要前提。前面提到,汉字史不是个体字符演变情况的简单相加,仅仅探讨汉字个体字符的形体变化不能称作汉字史。只有在弄清个体字符形体变化的基础上,考察出汉字构形系统的总体演变规律,并且对这种演变的内在的和外在的原因做出符合历史的解释，才能称为汉字史。汉字构形学既然为各个历史层面汉字构形系统的描写和历时汉字构形系统的比较提供了合乎汉字实际的可操作方法，它自然是使汉字史进一步科学化的前提。例如，我们用系统的汉字分析方法分别对甲骨文已释字、《说文》小篆全部和秦简文字抽样进行构件分析后，可以得到以下数据：1380个甲骨文可分析出基础构件412个，每个基础构件平均构字3.35个，而《说文》9353个正篆只分析出基础构件367个，平均构字25.5个；与小篆同时的秦简文字1778个分析出基础构件279个，平均构字也只有6.4个，几乎是甲骨文的一倍。[①]这一事实说明了汉字发展史上的两个普遍规律：首先，汉字构形的严密程度，是逐步提高的；其次，社会通行的汉字如不加以整理，很难直接看出汉字构形的系统性，只有经过整理，构形的系统性才能全面显现。

　　第二，汉字的整理、汇集和规范，都需要符合汉字构形的规律，历史上整理、汇集和规范汉字的经验也都需要上升为理论，更加理性化，汉字构形学应当能应用到汉字的整理、汇集和规范工作中，使其更有理可寻。例如，我们运用系统的构形方法分析《说文解字》中的小篆，可以统计出以下基本数字：《说文》小篆最多的结构层次达到8层，如果把每个字按理据依层次切分到底，9353个正篆所切出的各级构件去重后是9613个。也就是说，只有250个是正篆以外的。而这250个正篆以外的构件，在第一次拆分时已经得到了243个，只有7个是在2—5层得到的。拆分所得到的各级构件，

---

① 此处统计是在多版本对照后的9353为底数的统计，所以与《汉字构形学导论》有些差异，但不影响理论结论。

累积起来达到279 561个之多,而遗存的非字构件居然这样少,《说文》小篆构形系统的严密性,已经得到了最好的证实。

第三,古今文字的考据,凡是可以称为"确证的考"的,都是遵循汉字构形规律的结果,考据家的证据来自他们掌握和寻求的第一手材料,而他们的思路,也就是考据的逻辑,则来自他们对汉字系统和演变规律的把握,汉字构形学应当从成功的古文字考据的思路中总结出规律来丰富自己的理论。只有这样的理论,才能帮助初学者从看懂别人的考据到学会自己考据,使自己学习文字考据时少走弯路。

第四,汉字构形学不是只能用到一些比较高深的研究领域,它对汉字的基础教育也有直接的指导作用。例如,我们要想为计算机设计一种适合中小学用的编码,一般要采用形、音结合的原则,这就需要对每个汉字进行构件的拆分。这种拆分必须与中小学教师对汉字的讲解一致,而中小学教师对汉字的讲解又必须是科学的、符合汉字构形规律的,而不是凭主观臆断随意联想。因为汉字是个符号系统,随意拆分,胡乱讲解,不但违反汉字的实际,还会扰乱它的系统,使它更加难记难学。例如,有人把"饿"解释为"我吃食物因为饿",那么,"俄""蛾""鹅"怎么办?其中的构件"我"还能讲出第一人称"我"的意思来吗?讲汉字,讲错了一个,就会弄乱一片。构件拆分也有如何拆分和如何归纳更合理的问题。例如:"悲"上面的"非"与"韭"上面的"非"是否可以拆出来归纳到一起呢?这些问题,只有对汉字构形规律有所了解,用以指导对汉字的科学分析后,才能做出正确的答案。所以,汉字构形学是一门既有高深理论价值又完全适用于普及应用的科学。

第三讲　构形与构意

　　根据考察和推论，汉字正式起源大约在六千年以前。汉字的存在切切实实被证实，从殷商的甲骨文算起，距今也有三千六百年。几十个世纪以来，汉字的具体构形方式发生了很多变化，在不同的历史时期，即使是一个字的形体，也都有或多或少的差异。但是，从总体看，汉字并没发生性质的变化，它的基本构形特点一直是保持着的。

　　汉字构形的最大特点是它要根据所表达的意义来构形，因此，汉字的形体总是携带着可供分析的意义信息。汉字形体中可分析的意义信息，来自原初造字时造字者的一种主观造字意图，我们称作**构意**，也称造意。造意是文字学的概念。例如："初"的造意是"用刀裁衣"，剪裁制衣的开始，这个形象用以表现"开端""开始"的词义。造意一旦为使用的群体所公认，便成为一种可分析的客体，我们称作**造字理据**。造字理据因社会约定而与字形较稳定地结合在一起，它是汉字表意性质的体现。

　　造字理据越是早期就越直接、越具体。例如，早期的甲骨文和金文是靠着直绘物象来构形的。先看甲骨文：

例A	例B	例C	例D	例E

例F	例G	例H	例I	例J

例A：甲骨文的"天"字，直绘正面人形，突出人的头部，表示头顶。例B：甲骨文的"目"字，画一只眼睛。例C：甲骨文的"木"字，画一棵树，上像枝桠，下像根。例D：甲骨文的"福"字，画一个丰满的粮仓，表示有福。例E：甲骨文的"春"字，画太阳、多个草木和刚出土的芽（屯），表示生长的季节春天。例F：甲骨文的"牢"字，画一只牛关在牛圈里，表示豢养牛的地方。例G：甲骨文的"旦"字，画太阳初升时下面带着光晕，表示天亮。例H：甲骨文的"水"字，画水在江河里流淌的波纹。例I：甲骨文的"降"字，画两只向下行走的脚，往山下行走，表示下行。例J：甲骨文的"网"字，画网的纹路表示捕鱼的网。

再看金文：

例A	例B	例C	例D	例E

例F	例G	例H	例I	例J

例 A—E 都是"车"字,直绘古代马车的形象;例 F—J 都是"盥"字,画盆中洗手的形象。从这两组字中可以看出,同一个字的字形还不是很固定。繁简不同,但构意都是相同的,只是表达的细致程度不同。这是早期图形性强的文字常有的特点。

可以看出,在以上汉字的构形里,不但单个的形体是直观物象的描写,就是形体组合,也是反映事物之间的直观关系的。

汉字在发展中,为了书写的快速,逐渐简化,早期古文字的象物性逐渐淡化,汉字不再用直观的物象来反映词义了。但是,因为一批具有意义的基本字符已经形成,它们可以直接把意义信息带到字形里。例如:

"日"已不像太阳,但它在构字时仍然把"太阳"和与它有关的信息诸如"时间""明亮"等带入字形:

晶、明、星……中的"日"有"亮"的意义;

晚、昏、昧、时、晨……中的"日"有"时"的意义;

旦、莫……中的"日"仍具"太阳"的意义。

字符与构件象物性淡化,由表形转化为表意的现象,称为"义化"。义化以后的构件组成新字时,有的还保留着物象关系,请看下列小篆:

苗,草长在田地上,构形时草在田上;

囿的古字,树木长在苑围中,是古代豢养牲畜的地方①；

益（溢），水由器皿中流溢出来，构形时水纹横着在皿上；

春，两手在两边握杆，向石臼舂米，石臼在下；

牢，牛被拴在牢圈里，牛在宀下。

而大部分已不保留原来的物象关系了，可以考虑字形的整齐、美观来安置构件。如：

解，用刀剖牛角，刀在牛上，意义信息足够说明"解剖"义；

祝，人张口向神祈祷，人、口在示旁，不是物象的组合；

酒，酒坛子装酒水，但表示酒水的氵并不放在表示酒坛的"酉"里面。

以上两种组合方式，前者叫形合，它们是物象组合的遗存；后者叫意合，它们只靠字符意义的累积或连缀来表意。但它们的字形都是可以分析的。

最常见的汉字构形方式是半意半声。拿果木来说：

"桃""柚""梅""棠""梨"，都用"木"来表示它们是木本结果的植物。而"兆""由""每""尚""利"则用近似的声音来对这些果木名称加以区别。汉字的声符作用不只在标

---

① 是《说文》籀文，属于重文，形体被《说文》选入，与小篆一同分析。

音,而且用不着和所构的字读音完全一致,它们是一种区别手段,通过这些声符,可以在许多同类词里,区别出这个字是指称哪个词的。"桃"和"兆"并不同音,但人们可以由于"兆"与"桃"声音的近似而确定它不是棠、梨、柚、梅而是桃。

从以上分析可以看出,说明汉字表意性质的主要依据,就是它的因义而构形的特点。因为汉字是因义而构形的,所以,说明一个汉字的形体必须包括构形和构意这两个部分。构形指采用哪些构件、构件的数目多少、拼合的方式、放置的位置等,而构意则指这种构形体现了何种造字意图、带来了哪些意义信息,又采用了何种手段来与相似字和同类字相区别。

有些书上把由字形分析出的意义称作"本义",其实,前人所说的本义包含了两个概念:一个是我们这里所说的构意(造意),这属于文字学的概念,是结合语言意义分析字形构造意图的;另一个我们称作实义,是从文字构形意图推导出词或词素的某一个义项,设置这个概念是用来区别引申义和假借义的,所以是文献词义学的概念。我们一般把后一个概念称作本义,前一个文字学的概念称作构意。早在汉代的《说文解字》里,"构意"这个概念就已经使用了。《说文解字》把用同一个构件体现同一个意图称作"同意",使用"意"而不使用"义"来称说,例如:

　　𦐂 善,吉也。从誩,从羊。此与义美同意。
　　美 美,甘也。从羊,从大。羊在六畜主给膳也,美与善同意。

　　爾 爾,丽爾,犹靡丽也。从门,从㸚,其孔㸚,尒声,此

23

与爽同意。

工，巧饰也。象人有规榘也。与巫同意。

巫，祝也。女能事无形以舞降神者也。象人两褎舞形。与工同意。

奔，走也。从夭，贲省声。与走同意，俱从夭。

《说文解字》里所说的"同意"，不是认为两个字所表示的词义相同，而是说这两个字采用某一个构件的造字意图是一样的："善"和"義""美"都从"羊"，是因为羊"主给膳"，是一种美味食品，所以表示美好意义的字都用它来做构件，是为"同意"。"爾"和"爽"都以四个"×"做构件，表示光线射入而明亮的构字意图。"工"以有规矩的人形表示技巧熟练，"巫"是可以通神的人，也需要规矩，所以从"工"以体现造字意图。"走"与"奔"上面都从"夭"，其实是一个甩开臂膀奔走的人形，故二者同意。"意"是造意，"义"是词义，二者的区分正是对文字学的构意和训诂学的本义的一种区分。

通过构意的分析，我们还可以得出汉字所以是方块字的原因。早期汉字大多是采用形合的方式组成的，这种组合需要采用上下左右的相对位置来反映事物的关系。以前面所举的甲骨文"盥"字为例，"盥"是洗手，在构造这个字时，器皿一定放在下面，被洗的手需要放在器皿中，如果再加上水，将水放在器皿里，两只手就要放在两边。这样组合，完全体现了洗手本来的情境。这样组构的字，只能是一个两维的平面，而不能是线性的。所以，在古文字时代，方块汉字的格局就已经形成了，当汉字发展到义合组字和义音组字后，由于整体构形已经经过了一番规整，当然也就要保持上下、左右的两维方形。因此可以说，方块汉字正是汉字的表意性必然带来的特点。

汉字的发展经过古文字和今文字两个阶段。古文字阶段的汉字用线条来实现，还带有不同程度的图形性，保留构意的程度也比较高。从隶变开始，汉字进入今文字阶段，用软笔书写，用途极大扩展，传播也更为广远。书写速度和书写文本的长度都大量增加。尽管构意大部分保留了下来，也有少部分发生了较大的变化。

构意是表意文字特有的现象，也是汉字构字理性的表现，所以我们把可以讲解的构意称作构字理据，简称字理。在今文字阶段，书写用笔随势而为，构形与构意由于书写的笔势化，会有所脱节，理据发生了下列三种变化：

1. 理据重构

形体因书写而变异不能与意义统一时，在使用者表意意识的驱使下，会重新寻求构意去与它的新形切合，或附会它的意义去重新设计它的构形。例如：

> "射"甲文时代像一只手持弓箭，是合体象形字，小篆作
> ，弓形变成"身"，箭形变成了义化构件"矢"，会以全身的
> 力量射箭的意思。又作，把表示手的"又"变成了"寸"，
> 在小篆里，凡是具有法度意义的行为，字从"又"的都变"寸"，
> 射箭与礼仪规范有关，所以"又"变"寸"。

有些早期的"本无其字，依声托事"的假借字，本来形义不统一，不具有构意，在演变的过程中，反而由于形体变异而有了构意。例如：

在甲骨文时代，"東"是借与之声音相同、义为"口袋"的
（橐）字来表示的，小篆经过变异，重构了从"日"在"木"
中的"東"字，这个重构的理据经过一个时期的流传，为大家
所接受，在系统中固定下来。

这些重构的理据依附于演变了的形体，形义仍然是统一的，但
与原初的形与义已经不同，从字源的推求出发，有人把这种现象称
作"讹变"。在汉字构形学里，我们不采用这个术语。我们认为："讹
变"是用原始状态来衡量后代的构形与构意，"讹"意为"错误"，
理据重构属于汉字正常的演变，演变后的构形与构意属于另一个
共时层面，存于另一个构形系统之中，应当把它放到新的构形系统
中来衡量，不能因为它与此前的构形不同而认为是"错讹"。

2. 理据部分丧失

在字体演变中，有些字的部分构件发生了无理变异（也叫构件
的记号化），构意看不清了，但还有一部分仍保留理据。比如：

"監"的形体来源于甲骨文 ，本来是用一个人俯身在
装水的盆里看自己的面容来表示古代的镜子（后来加上"金"
作"鑒"），引申为"察视"之意。小篆作 ，变"目"为"臣"，
并且将这个"臣"讲为"人臣"的"臣"，因此把"監"入《卧部》，
"卧"解释为"伏也①，从人臣，取其伏也"。"監"则解释为"临
下也"。这些解释都是因为对由 无理变异后的"臣"产生误

---

① 徐铉《说文解字》作"休也"，段玉裁改为"伏也"。段改有理。

解造成的。楷书由于书写空间的调整，写作"監"，把人形卧倒，盆中表示水的一点组合到卧人下面，上半部构形进一步记号化，完全丧失理据，只有下部的"皿"还能联想到古代以盆水为镜子的构意。

"爲"，甲骨文作 ，像以手牵象，表示"运作"，引申为"作为"。小篆变异为 ，除了手的形状还保留，动物的四条腿还隐约可见外，其他已经离原来的构形很远了。《说文·爪部》解释作"母猴也"，已经失去构意。但保留了"王育曰'爪，象形也'"，稍稍留下原来构意的一点痕迹。

3. 理据完全丧失

还有一部分汉字，在字形随字体的演变中，由于构件的无理变异或构件的黏合，在视觉上完全失去了构意。无理变异的，例如：

"朋"在甲骨文里作 ，是用一挂两向的玉串或贝串来表示一种货币，所以有"朋比"的意思，也做货币的量词。小篆误与 混同，变异成凤凰的形象，以为是"凤"的重文，取凤凰群飞而百鸟从的意思来附会"朋党"为本义。隶楷则变异为两个"月"，完全看不出理据了。

"要"，小篆作 ，像一个人叉腰站立之形，解释为"身中也"，是"腰"的本字。《说文》对构形解释为"人要（腰）自臼（jú）之形。"正是两手叉腰的形状，却又说"从臼交省声"，理据重构为从"交"得声的形声字。两个解释虽有矛盾，离合理的构意也还距离不远。隶楷却写作从"襾"从"女"，完全丧失了理据。

"執",甲骨文作![字形],像一人的两手被铐在刑具里,楷书经过几番变异,构意完全失去了。

部件黏合的,例如:

"更",甲骨文作![字形],金文作![字形],都像以手持锤敲梆子打更,小篆作![字形],形体还延续甲骨文、金文,但解释作从攴、从丙声的形声字,理据已经重构。楷书黏合上下两个构件,失去构意,成为黏合式的新独体字。

"丈",小篆从十从又,作![字形],像手持丈量工具。楷书黏合上下两个构件,成为新独体字,构意丧失。

"史",甲骨文作![字形],金文作![字形],像史官手持简册,小篆从中从又,作![字形],完全承袭了甲骨文、金文,解释作"记事者也,从又持中。中,正也"。尽管"中,正也"的说法有些含混,原有的构意基本保存。但楷书黏合上下两个构件,成为新独体字,构意丧失。

在出现了以上三种情况后,要想恢复原来的构意,需要做溯本复形的工作。

第四讲　汉字字体的演变和溯本复形

　　在汉字的构形与构意由于书写的笔势化发生全部或局部脱离现象的时候，还要找回二者统一的状况，需要溯本复形。也就是沿着汉字历史发展的链条，找到构意能够解释构形的状况。

　　观察汉字的构形与构意，要从字形结构和字体风格两个方面着手。这两个方面有着密切的关系。构形和构意的变化，是随着字体变化而发生的。

　　字体是汉字在社会长期书写过程中，由于书写工具和载体的变化，经过长期演变而形成的相对固定的式样特征和体态风格的大类别。我们用下面两个表示发展的箭头分别梳理古文字和今文字的字体演变。

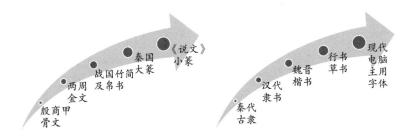

　　在追溯构意的过程中，对一些常用字的复形，我们需要特别关注的主要是比较典型的象形文字和已经整理过并系统化的《说文》

小篆。字体演变属于汉字史的问题，这里不详谈，只介绍甲骨文、金文的特点和《说文解字》的用途，为的是说明溯本复形的原理。

甲骨文于清光绪二十五年（1899）由当时的国子监祭酒王懿荣发现。这种文字出土于河南安阳西北五里的小屯，这是商代晚期的都城所在地，学界把它称为殷墟。后来又发现了小屯南地甲骨和陕西凤雏、扶风两地的周原甲骨。这说明，甲骨文不仅殷商时期有，西周也有。

《甲骨文合集》第6057片的照片（见彩图1），第一张是照片，第二张是拓片，第三张是释文，这实际上就是甲骨文释读的一个过程。这片甲骨文属于第一期的卜辞，也就是著名的商王武丁时期的卜辞，它的字体较大，风格雄健整饬、瘦劲有力。

甲骨文大多带有浓厚的图形的味道，独体象形字和合体象形字的数量很多。其中的独体象形字，完全凭借象物性来确立构意。它们也是分析合体字构意的基础。许慎在《说文解字·叙》里说，汉字最初创制的方式是"近取诸身，远取诸物"，以"近取诸身"为例，甲骨文中有相当一部分取象于人体的独体象形字：

口　首　爪　止　身　又　目　眉

后来的楷书还和这些字十分近似，一看就知道它们的构意。这里要说明的只有四个字：第三个字"爪"，现代只做动物的手，构字时不分人和动物，写在上面的手大多以"爪"为部件，例如"受、采、孚"等字。第四个字"止"，现代常用义当"停止"讲，其实画的是一只脚，是"趾"的本字；脚和"停止"是引申关系，脚站在这儿不动，人就停止不前了。第五个字"身"，古代的"身"指的是怀孕，因此画了一个腹部很大的人形，现代当"身体"讲。第六个字是"又"，"又"就是手，手写在下面和右面就是"又"，为了文字书写便利，把五根手指简化为三根。这些字构造简单，后来都成了部首。

在甲骨文中，也有一些形声字，但数量确实很少，大概占已释字的22%，而且它的形声系统还很不完善。我们看一些形声字的例子：

（禾声）　　（桑声）　　（門声）　　（隹声）　　（屯声）　　（至声）

第一个字是"穌"，从"禾"得声。第二个字是丧事的"丧"，从口，古代的丧礼专门有哀哭的仪式，一方面寄托哀思，一方面用哭声大小的不同，体现与死者远近亲疏的不同关系，口的旁边是桑树的"桑"，作为声符。第三个字是"问"，从口，从门得声。第四个字是"唯"，口旁边是"隹"，古代长尾巴的鸟称为"鸟"，短尾巴的鸟称为"隹"，隹和唯没有意义上的关联，是声符。第五个字是春天的"春"，从"屯"得声，"屯"就是刚刚生发出来的小苗。第六个字是"室"，"宀"表示房屋，"至"是它的声符。

关于甲骨文，还有两方面的特点。由于甲骨文的字数较少，无法全面记录汉语的词义，因此，它的假借字很多。什么是假借字呢？就是用一个字音相同或相近的字，来记录另外的一个词。在甲骨文中，存在着大量的用一个形体兼记录多个词的情况，这为甲骨文的释读带来了很大的难度。另外，甲骨文的书写带有随意性，同一个字往往有不同的写法，以"酉"为例：

"酉"是"酒"的本字，是一个酒坛子的形象，在不同的甲骨片中，它的写法各有不同。我们把这种记录同一个词，构形、构意相同而仅在写法上有差异的字，称为异写字。在甲骨文中，异写字很多，是一个普遍的现象。

金文是铸刻在青铜器上的一种文字，现在可见的金文起于商代。青铜是铜和锡、铅的合金，它在人类历史上具有重要意义，它的发明与使用，奠定了人类文明史上著名的青铜时代。金文主要铸刻在青铜器上，从我们能见到的金文材料来看，它的时间长，地域广，字体风格也更为多样。在时间上，殷商时期就已经出现金文，经历殷商、西周、春秋，直到战国时期还有十分重要的金文文献。金文铸刻在青铜器上，非常漂亮！它的字体整齐华丽，古朴厚重，体现出中华民族的自信心。和用刀刻画出来的甲骨文相比，金文脱去板滞，变化多样，在艺术风格上更为丰富了！这里只看一个西周成王时的利簋及其铭文（见彩图2）。

如果把金文和甲骨文进行比较的话，它所承载的信息量更为丰富了。下面四个字，第一个是甲骨文的"盥"字，第二个是金文的"盥"字，第三个是甲骨文的"其"字，第四个是金文的"其"字：

　　同样是盥洗的"盥"，甲骨文是一只手在盆上，旁边是水滴的象形。金文则变成了两只手，中间的"水"也已经成字。同样是簸箕的古字"其"，甲骨文是一只簸箕的象形，金文的簸箕下面又增加了一个架子。

　　在分析象形字构意的时候，信息量越大，越能够准确。相比之下，金文的构形更加详尽，信息也更加丰富，这一点，金文有更大的优势。

　　在战国文字中，秦系文字也十分重要。比如我们熟知的石鼓文，它因刻石外形似鼓而得名。石鼓文在唐初就已发现，一共十枚，上面刻有用大篆书写的四言诗，一共十首。我们这里只看第六鼓（见彩图3）。石鼓文的字体上承西周金文，下启秦代小篆，十分优美！它的笔力端庄凝重，字体圆融浑厚，线条匀称合宜，体现出高超的书法魅力和艺术创造力。石鼓文是由大篆向小篆演变的过渡性字体。

　　古文字阶段，以小篆作为终点；今文字阶段，以隶书作为起点。古文字阶段汉字的总体特点是，字形用线条勾画，还没有形成笔画。我们看那些刻画、铸刻出的古文字，字形浑然一体，看不到笔顺，也数不出笔画。哪怕是《说文解字》中经过规范的小篆，也只能数一数有多少线条，还是无法确定笔画数。在古文字阶段，汉字的图画性很强，即使后来日益淡化，但仍不同程度地保存着。

　　小篆，是李斯等人在大篆的基础上"或颇省改"，进行加工、改易后的秦代标准字体。秦代小篆被东汉许慎当成标准字体,作了一本重要的汉字学专书《说文解字》。要想分析汉字的构意,《说文解字》是一部必读、必查的书。

《说文解字》全书体现了汉字的表意文字特点,是一部专门讲解汉字构意的专书。它优选了9353个汉字的字形,形成了比较严密的汉字构形系统,除了极少数字的构意许慎没有找到依据用"阙"注明外,对绝大多数字的构意都做了系统的讲解。清代的段玉裁作《说文解字注》,对许慎的讲解加以证明。《说文》既能帮助我们理解现代汉字,又是通向古文字的桥梁。所以,近代国学大家黄侃先生认为《说文》是一部"重中之重"的文字学专书。文字学家姜亮夫在《古文字学》一书中说:"汉文字的一切规律,全部表现在小篆形体之中,这是自绘画文字进而为甲文金文以后的最后阶段,它总结了汉字发展的全部趋向,全部规律,也体现了汉字结构的全部精神。"文字学家潘重规也在《中国文字学》一书中说:"治中国文字当以许书为宗,则其说有不可易者。"

《说文解字》一本书产生了一门"说文学",对我们今天认识汉字,解析汉字,分析汉字的字理,挖掘汉字构造中的中华文化,有很直接的作用,普及"说文学"是当前亟须开展的工作。

根据统计,历代汉字自然发展的结果,理据的保留情况都在90%以上,这说明,汉字发展到今文字仍然是表意文字,性质上没有发生变化。现代汉字有些通行字构意不清,是自然发展的必然,为了正确理解这些字的构意,需要采取一定的办法来讲解。从共时描写的角度,后期汉字的构形分析必须依据它们自身的形体状况来分析,不能附会字源与古代构形的构意。但是,有一点是需要做到的,就是要有历史的观念——既不可就现代说现代而不顾历史，又不可以古律今不顾现实。唯一的办法是立足现代，尊重发展，沟通古今，追寻历史。

1.理据重构字的处理

理据重构的字应看作是发展，可按照重构以后的构意来拆分字形。问题在于，用不具备构意或失去构意的字形来任意杜撰构意，叫作"望形生义"，对维护汉字构形的系统性和汉字的科学应用是有害的。理据重构与乱讲构意应当如何区别？首先，理据重构是有历史依据的，这种现象是汉字个体字符发展的合理现象，因此，可以追溯其重构的原因。第二，理据重构的合理性，在于它和构形系统的切合。前面所举"东"和"射"的理据重构，都可以合理地纳入小篆系统，不产生与任何一个子系统的冲突。从"力"之字与从"刀"之字的互变，带有一定的普遍性，也带有一定的限制性。《说文·力部》含正篆40字，重文6字，新附4字，并非都可以与从刀相通。能够从刀，是因为实义对从刀的造意可以合理地映射，并且与《刀部》的字不冲突。第三，正是因为重构的合理性，重构字才得以在社会上通行，甚至产生应用的强势，比原有的"正字"使用频度更高。这和乱讲构意是不同的。

2.部分失去理据的字的处理

局部丧失理据的字中有不能分析的部件，这些部件有笔势化现象。有的书上把这部分部件称作记号构件。解决这些字的字理可以追溯整字，就可以看到那些笔势化的部件的原貌，知道它们是如何变异的。例如：

眉—眉—崮—凸

舞—舞—爽—秫

　　"眉",下面的"目"可以讲解,眉毛和眼睛是相依的,但上面的构件很难解释,已经笔势化了,通过小篆、金文、甲骨文的追溯,可以知道,上面的构件其实正是眉毛的象形图形演变的。又如"舞",下面的部件还可以看出是两支脚的象形,上面的部件已经无法解释,追溯后可以看出,那个复杂的部件像一个人手持两根羽毛,正是古代羽舞的形象,两只脚是金文阶段才加上去的,加上两只脚,意义信息更丰富,舞蹈手脚并用的特点表现更充分,理据也更可信了。

3. 因黏合而失去理据的字的处理

　　楷体字的部件黏合,主要是书写求简,笔画有一些交重在一起造成的,一般只要追溯到《说文》小篆,就能解决。例如"史""丈""更"三个字即如此:

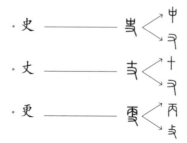

4.整体丧失理据的字的处理

处理整体丧失构意的字,必须采用全字溯源的办法。根据形体演变的情况,追溯到理据存在的原初构形状态,复原其合理的构意,再行讲解。下面再举两例说明构形与构意的追溯。

"兼"的楷书形体,我们已无由知道它何以有"兼得""共同"之义。追溯到小篆,可以知道"兼"的篆文写作 ,两个"禾",中间用"又"(表示手)握在一起,所以有兼得、兼并的意思。参考"秉"更为明白,"秉"字《说文》小篆作 秉,是一个"禾"握在"又"(手)中,用《说文》的话说,"兼"与"秉"从"又"加在"禾"的中间是"同意"的。追溯到小篆阶段,构意也就清楚了。

"尽"在简化字里属于草书楷化字,它的繁体字"盡"构意难明,甲骨文的字形,从皿从手持棒,像在器皿中以棒拨余火的状态,表示灰烬;金文因为手持拨火工具的形象与手握笔杆有共同性,改成"聿"字;战国秦文字在"聿"下设"火"字,使"灰烬"的信息更为丰满;小篆因袭秦文,隶楷依例将下部的"火"改为"灬"这一追溯,才找到它的理据。

（甲骨文）（金文）（小篆）

汉字构形学通过溯源探讨构意,其目标不同于汉字形源学,只要找到能反映造字意图的字形从而使形义统一就可以了,这个字形可能是甲骨文，可能是金文，也可能是小篆，不必一定要找到最早的字形。像上面的"兼"字，我们找到小篆就已经可以知道构意了，而"盡"字要找到甲骨文、金文才能知道构意。

汉字自古到今的演变是一个很复杂的过程，不仅仅是构形和构意的发展演变，同时还伴随着字符的滋生和消亡，职能的分化与合并。这个过程受汉字自身系统的限制，也就是字符之间各种关系的制约，更要受到语言词汇和词义系统变化的推动。构意既与构形紧密相关，又与词义必须相通，证明构意分析正确，必须核实古代的文献词义，这一工作属于文献词义学也就是训诂学，这也就是汉字学与训诂学密不可分的原因。

最后需要说明的是：构形存在而构意不明的情况各个时代、各种字体都有，即使是较早的古汉字比如甲骨文，也不是每一个字都能直接分析构意。这种情况产生的原因很复杂。首先，甲骨文从它的成熟程度来说，不可能是最早的汉字。只是因为它的载体不易腐烂而保留下来。有些汉字资源还是找不到的。其次，汉字的来源多途，也会有其他民族的文字夹在其中。但是，表意文字的属性让我们相信在构字的原始时期，应当是形义统一的。少数难以分析构意的汉字，作为"绝缘无佐证"处理，不武断地说它没有理据。但是，对这类字要实事求是地抱着"阙疑"的态度来处理，宁可存疑，不可猜测妄说。

第五讲　汉字的书写元素与构形元素

　　线条（甲文、篆文）、铸迹（金文）、笔画（隶书、楷书）是汉字的书写（包括刻、铸）元素。

　　书写单位应当可以描写和计量，但是，没有定型的古文字阶段是难以做到的。试比较甲骨文、金文、小篆和楷书的字形：

甲骨文　　　　　金文　　　　　小篆　　　　　楷书

　　通过比较可以看出，甲金文图形性很强，也没有定型，线条的数量更无法计算。在古文字中，只有《说文》小篆形体固定，虽然也有一些线条起落难以确定，但作为一个单位，线条的数量，不但可以计算，而且可以描述和定义了。所以，近现代书法有"真、篆、隶、草"四体，篆主要指小篆。小篆的线条大约可以分析为以下十种：

表1　小篆线条分类

名称	代表形状	描述与界定	例字
横	一	无曲、无折、无断的左右平放的直线	日 三 雨

名称	代表形状	描述与界定	例字
竖	│	无曲、无折、无断的上下纵放的直线	
斜	╱╲	向左下或右下的斜线条	
点	▮	圆点、顿点及极短的横、竖、斜线	
弧	⌒	方向没有转换的曲线	
曲	⟨	一次或多次转换方向但不封闭的曲线	
折	⌐	转90度的折线（折点为圆角，下同）	
框	⊏ ∪	三面包围的方框	
封	☐	除圆形外各种封闭的曲线或折线	
圈	○	圆形封闭的线	

汉字发展到隶书，笔画已经定型，但笔形的概念还没有形成。汉字发展到楷书，不但笔画已经定型，变为可以称说、可以论序、可以计数的书写单位，而且形成了笔形。笔形是笔画写成以后的样式。笔画按笔形来定名称说。楷书的基本笔形可以概括为六个大类：

表2　楷书笔形分类

名称	例字	运笔方向的描述	副类
横	一、三	无曲、无折、无断的左右平放的笔画	提
竖	中、千	无曲、无折、无断的上下直放的笔画	竖钩
撇	厂、千	向左下的斜笔	
捺	人、之	向右下的斜笔	
折	凸、四	方向变化的连笔	竖弯钩、横折钩
点	玉、次、羊	不足构成撇、捺、提的小短笔	

笔形的分类可粗可细，要看分类的目的是什么。如果为了检索、排序则宜粗。例如现代辞书只归纳为横、竖、撇、点、折五种笔形。如果为了教授书法或描述写法则宜细。例如点可以细分为撇点、捺点、提点、顿点等。折也可以按方式、方向和顺序进行更细的描述。

楷书的笔形在一定的条件下有习惯性的变异。这种变异带有规律性，影响了楷书的总风格。笔形变异从变异的原因分可以有以下几类：

1. 为书写连贯而变异

横变提：左边多半是汉字的表示类别义的构件，一般也是部首。这些构件最后一笔如果是横，出于要接续写下一个右面构件的需要，笔势上产生了横变提的现象。例如：

"土—坐—地""牛—牢—牧""子—字—孔"

2. 为结构紧凑而变异

书写在结体时，有"让就"的规则，尽量使空间的疏密得当。有些构件在独自书写时笔画是发散型的，但在组构其他字时由于给别的构件让出空间，采用了聚敛型的笔法。例如：

捺变点："木—架—村""文—纹—斌""食—餐—饱"等属此。

竖弯钩变竖提："匕—北—比""先—洗—赞""己—记—改""屯—纯—邨"等属此。

3.为构形美观而变异

书写的结体要通过笔画的调节,轮廓要端方整齐,空间要错落有致。因此书写历来有避重捺的习惯:

"木—架—茶""水—汞—黍""良—浪—食"。

这三种笔形变异不会影响汉字的构形与构意,也说明了笔画不是构件的下位概念。

笔顺是在用毛笔书写的时代前人写字的经验总结,虽有大致的规则,并无绝对的规定,其中有相当的灵活性和个人习惯性。特别是对书写熟练者来说,在一定规则的范围内,先写哪一笔并不会绝对影响写字的准确和美观。规范笔顺的作用主要是为了给汉字排序,以便检字。对于初学者来说,遵循一定的规律,对于把汉字写得方正、整齐,养成良好的书写习惯也是很有必要的。前人总结的笔顺规则大体有以下几条:先上后下(工),先左后右(川),先横后竖(木),先撇后捺(人),先中后旁(小),正连反断(弓)等。国家语委已经制订了笔顺规范,对于写字来说,把规则与具体字的笔顺结合起来教学,比死记每个字的笔顺,更容易把握一些。

汉字的构形单位是构件(也称部件)。当一个形体被用来构造其他的字,成为所构字的一部分时,我们称之为所构字的构件。如"日""木"是"杲"的构件,"木"是"森"的构件,"亻""列"是"例"的构件等。

我们按照汉字的字理对每个字进行分解,可以看到两种情况。以"诺""器"两字为例:

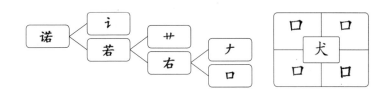

"诺"是一层一层分解的。共有三层：（1）"诺"直接分解为"讠"和"若"；（2）"若"分解为"艹（草字头）"和"右"；（3）"右"分解为"𠂇"和"口"。"器"的构意是"犬"守着四个容器，以表示盛物之器。这五个部件是一次性结构在一起的。

构件是汉字的构形单位，我们可以从不同的角度来界定构件的类型。

1. 构件的层级：

（1）基础构件：

对汉字进行拆分，拆到不能再拆的最小单元，就是汉字的基础构件，也就是汉字构形的最小元素，我们称之为形素。例如："诺"的基础构件有"讠""艹""𠂇""口"。"器"的基础构件有"犬""口"。

（2）直接构件

直接构成全字的构件，称作直接构件。全字的造字意图是通过直接构件来体现的。层次结构的字，不论有多少层，总是第一次拆分的构件体现构意。"诺"的直接构件是"讠"和"若"。"器"的直接构件是四个"口"和"犬"。也就是说，凡是一层一层构建起来的汉字，第一层是它的直接构件：

"编"的直接构件是"糸"和"扁"。

"转"的直接构件是"车"和"专"。

"便"的直接构件是"亻"和"更"。

"语"的直接构件是"讠"和"吾"。

凡是一次性建构起来的汉字,所有的构件都是基础构件,当然也都是直接构件。

（3）过渡构件

在依层次拆分的汉字中,如果级层超过3个,就会出现过渡构件。处在直接构件和基础构件之间的构件,称作这个字的过渡构件。它们可以用层级来指称,例如:

楷书"诺"字含有以下三级构件:

一级构件:讠、若

二级构件:艹、右

三级构件:𠂇、口

二级构件就是过渡构件。

小篆 🀀 含有以下四级构件:

一级构件:𦫳、𠆩

二级构件:𥄑、𩂣

三级构件:丙、𢆉

四级构件:卜、𭃾

二级、三级构件就是它的过渡构件,可分别称为二级过渡构件和三级过渡构件。

2. 成字构件与非字构件

成字构件指既能独立成字,又能参与构字、体现构意的构件。也就是说,当它不做其他字的构件时,本身就是一个完整的字,与语言中的某个词对应。例如:

"目",在做"睛""瞳"的构件时,表示所构字的意义与"眼睛"有关,而"目"本身就是一个独立的字,与语言中"眼睛"这个义项相对应。

"胡"在做"湖"的构件时,其构意是提示"湖"字的读音,而"胡"本身就有 hú 的读音和"颔肉"的意义。"目"和"胡"都是成字构件。

非字构件指只能依附于其他构件来体现构意,不能独立用来记录语言的构件。这种构件无法与语言中的词对应。非字构件有以下四种类型:

(1)作为标志或表示区别的单笔画或笔画组。例如:

"末"字上面的一横是依附于"木"而存在,表示"木"的末稍,它本身不能独立存在,不能与语言中的词对应。

"刃"字中的一点、"亦"字中的两点、"母"字中的两点、"夫"字中的短横,都只能依附于成字构件而存在,其构意只有在所构字的具体环境中才能体现出来。

(2)古文字传承保存下来的非字象形符号。例如:

"果"上的"田"本是果实的象形变异而来,"番"下的"田"本是兽足的象形变异而来,它们与"田地"的"田"同形而没有音义,都是非字构件。

"谷"《说文解字》作 𧮫 ,解释为"泉出通川为谷,从水半见,出于口"。它的上部本来就是一个非字构件,楷书传承保留下来,仍是有构意无实义的非字构件。

"俞"中的"刂"本是"水"的变体,在小篆里已不成字,楷书传承保留下来,仍是非字构件。

(3)充当部首的书写变体。例如:

"水"在左边写作"氵"(三点水)

"火"在下边写作"灬"(底火)

"刀"在右边写作"刂"(立刀)

"手"在左边写作"扌"(提手)

"阜"在左边写作"阝"(左耳)

"邑"在右边写作"阝"(右耳)

……

这些构件在楷书阶段,产生形体变异,由于构字时所放的位置固定,变异呈现出一种规范,由于书写的原因,它们与做独体字时的样式已经不同了,变成了非字构件。这类构件与上面两类都不同的是,它们虽不能独立记录汉语,但与成字的对应关系非常整齐,构意也与相应的成字完全一样。

这部分非字构件在《说文解字》里就属于构字频率高的部首,

在《说文解字》的小篆里，与它们的独体字写法一样，都是成字的。
看下面的小篆，就可以明白这一点。

（4）经过变异或黏合、丧失理据作用的记号构件。例如：

"冬"上部是古文"终"，本是成字的。楷书成为记号构件，
也就是非字构件。

"贵"的上部本是"臾"（古文"蒉"），本是成字的。楷书
变异，成为非字构件。

"春"的上部本从"艸"从"屯"，黏合后变为非字构件。

把汉字的书写单位和构形单位区别开来，在理论上是非常必
要的：

首先，汉字的构件是体现构意的，笔画却不具有体现构意的功
能。如"革"是以整体的构形来表示"去毛之皮"这一构意的，拆
分成笔画后，各笔画体现不出构字意图。这就使构件与笔画有了

根本性质上的差别。

其次，汉字的结构的生成与书写的顺序并不完全一致。书写是一笔一笔实现的，但不都是写完一个构件、再写第二个构件。只是在书写完成后，才能看见全部构件的布局。例如：

"回"由"口（wéi）"和"口"两个构件组成，但书写时并不是先写完"口"再写"口"，也不是先写完"口"再写"口"。

"東"由"木"和"日"两个构件组成，但书写时并不是将"木"和"日"一先一后分别实现的。

"夾"由"大"和两个"人"构成，但书写时并不是"大"与两个"人"依次分别实现的。

第三，正因为结构生成与书写顺序是不一致的，所以，当我们分析正规字体的结构时，主要分析构件及其功能；而当分析变异字体时，由于这种变异是书写造成的，就必须首先考虑书写顺序和笔画密集程度所起的作用。如果不把书写单位和构形单位区别开来，在分析这些不同现象时，就会产生困难，容易把来源和本质完全不同的现象混淆。所以，虽然不少形素是由多个笔画构成的，我们在做构形分析时，并不以笔画作为下一层次的单位。也有少数构件是单笔画的，为了理论体系的严谨，这种构件应具双重身份：在书写时，称为笔画；进入构形时，称为单笔构件。这正如一个形音义具备的字往往也有双重身份：在构字时称构件，独用时即称字或字样。

第四，在教学时更要注意，不能用笔画来教认字，有些课堂教学用"书空"（用手指在空中依序比画横、竖、撇、点、折）的办法教认字，是不会产生效果的。

第六讲　汉字的结构次序与构件的组合样式

　　汉字由有限的形素组成数以万计的单字，有两种不同的组合类型，我们分别称之为平面结构和层次结构。第五讲所讲的"器"属于平面结构，"诺"属于层次结构。

　　平面结构是由构件一次性集合而成。除"器"以外，这里再举两个例子：

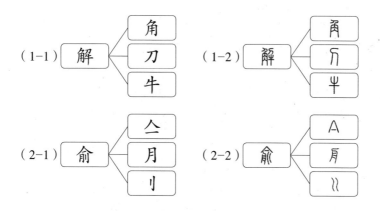

　　（1-1）是楷书"解"字的结构分析图，以刀和牛、角三个部件显示"解剖"的意义，让人想到"庖丁解牛"的故事。（1-2）是《说文》小篆"解"字的结构分析图。对照起来可以看到，二者是完全一致的。楷书完全保存了"解"字的构意，字的理据可以从字面看清。

（2-1）是楷书"俞"字的结构分析图，"俞"，《说文解字》说，它的本义是"空中木为舟也"。从楷书中分析出的部件段玉裁注引《淮南子·泛论训》："古者为窬木方版以为舟航。"并引高诱的注说："窬，空也。方，并也。舟相连为航也。"同时又引《周易·中孚》传："利涉大川。乘木舟虚也。"也就是说，"俞"也写作"窬"，古时候用一个整的大木头中间挖空，再把这些独木并列后做成大船去航行。根据这个本义看楷书"俞"从"亼""月"和"刂（立刀）"的字形结构，是无法解释的，这说明楷书，"俞"已经成为理据丧失的字。要想根据本义解释字形结构，必须追溯到小篆。小篆字形从亼、从舟、从巛会意。"亼"是"集"的古字，"巛"《说文》解释作"水流浍浍也"，表示水，加上"舟"，正表示将独木舟并起来成为大船在水中航行的意义。

这种平面结构的字，其构意的体现有两种类型：一种是把多个意义信息集在一起来表示总的字义。"解"和"俞"都属于这种类型。另一种是很多图形按情境合成一个意义，下面用理据部分丧失的"舂"字为例，来说明这种图形性的平面结构：

"舂"的楷书字形下面的部件"臼"，是舂米的石臼，还可以解释"舂"的意义，但上面的部件已经无法解释。追溯到小篆，"舂"的结构分解图如下。"午"是"杵"的象形字，两个"又"反向相对，放在杵的两边，像两只手握着杵在臼里舂米。这个极富动感的画面，正传达了"舂"这个动词的意义。

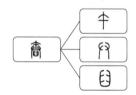

不论是集合信息还是组成图画，平面结构的字都是三个以上的构件一次性组合，分不出层次来。

汉字的大量组合是层次结构。如同前一讲的"诺"字。全字是由形素开始，经过过渡构件，最后有直接构件，分作若干层次逐步累加上去形成全字。以"溢""灏"两字为例：

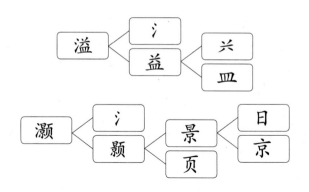

"溢"字的直接构件是"氵"和"益"，而"益"又是由横放的"水"和"皿"构成的，已经是基础构件，没有过渡构件。

"灏"的结构一共有三层："氵"和"颢"为直接构件，"景"和"页"为过渡构件，"日"和"京"为基础构件。

层次结构需要分析到最后一层，也就是到形素的层面，才是彻底分析结束。有一点需要说明：同样一个字，楷书因为书写的缘故，会因为有一些构件粘连而减少层次；而小篆的分析会更为细致，层次比楷书多。以"鞭"字为例：

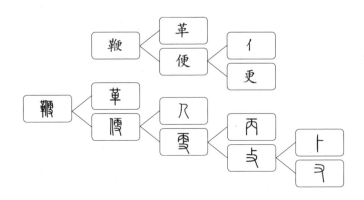

对照即可看出，小篆的层级比楷书多出2层。楷书因"更"字笔画交重、部件粘连，就不能再分析了。这也造成小篆的过渡构件都出了两层而楷书没有过渡构件。

层次结构是以逐级生成的方式来体现构意的，这种结构富有概括性，可以把基础元素减到最少，又可以把字与字的构形关系在各个层次上有序地体现出来，所以是一种系统成熟后的结构方式。平面结构则是一种富有个性化的结构方式，是图形式的古文字构形的遗存。我们可以根据层次结构所占比例的多少衡量一个汉字构形系统的严密程度。例如，甲骨文的层次结构大约只占20%—30%，而《说文》小篆的层次结构则占到90%以上，这可以说明，小篆构形系统的严密性，大大高于甲骨文。

也有一些字是平面结构和层次结构混合在一起的，这里也举一个例子：

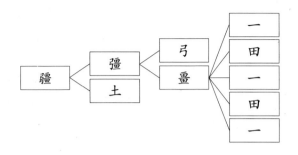

　　这是一个具有历史陈迹的汉字。现代汉字"疆土"的"疆",是由"土"和"畺"构成的,"畺"从"弓"是"强大"的"强"的本字。但用字传衍下来,借字"强"通行,本字"畺"反而没有通行。而构成"畺"的"畕",是"疆"的古本字,它用三个界线隔住两个"田"以像边界之形,是一个平面结构的字。这个平面结构的字,又成了现代"疆"字的过渡构件。

　　这种例子还有很多,分析汉字结构时,要多加注意。

　　正因为平面结构与层次结构在构意的体现上,前者是一次性集合式的,后者是两两生成式的,所以在分析汉字的形体结构时,正确区分这两种结构类型,才能准确分析造字的理据,也才能保证构件的拆分不出错误。依照汉字结构的客观类型和组合程序来拆分汉字,我们称作有理据拆分(简称有理拆分),这种拆分不但保证拆分的最后结果是合理的,而且保证每一个过渡构件都是合理的。按照汉字构件外在结合状况拆分,称作依形拆分。这种拆分往往会违背理据。在分析楷书汉字结构的时候,要特别注意汉字在书写时为了字形的均衡、美观,往往会对一些构件做出布局上的变化,也就是调整一些构件所在的位置。这些汉字实际上是有理据的，分析时不要被表面现象迷惑，要把构形和构意结合起来进行有理据的拆分。例如：

颖 腐 強 雖 雜

上面5个楷书字，都是书写对构件位置经过调整的："颖"字从"禾""顷"声，为了左右均衡，把"禾"安置到"顷"所从"匕"下面，分析时一定要先分出"禾+顷"，再分出"匕+页"。不可出现"匕+禾"这样的伪构件，乱了层次。"腐"从"肉""府"声，为了字形的均衡，将"广"的一撇拉下来看似左上包围结构，如果依形拆分，有可能拆出"付+肉"的结构来，就会违背字理。同样，"強"字从"弓""弘"声，不可因为"虫"放在"厶"下而拆分出"厶+虫"结构来。"雖"从"虫""唯"声，不可拆出"口+虫"结构来。"雜"字本从"衣"从"集"，书写出"木"放在"衣"下的形体，如果分析出"衣+木"的结构，也就违背了它的理据。

依形分析汉字，不顾汉字的字理和科学的层次，就会出现一些无法解释的过渡部件，造成识别上的困难和理解上的混乱，是一定要避免的。

不论是平面结构还是层次结构组合的汉字，组合以后都可以看到构件的组合样式，样式不同就会造成不同的汉字。决定汉字组合样式的因素有以下几个方面：

1.构件的置向。如"从"中的两个"人"都是正面放置，"比"

中的两个"人"是向右侧放,"北"中的两个"人"是左右反向侧放。

2.构件的相对位置。如"杏"和"呆"、"纹"和"紊"、"怡"与"怠"、"忠"与"忡",都选用了同形体又同功能的构件,但因构件的相互位置不同而产生了区别。

3.构件的接合方式。现代汉字构件接合的方式有以下几种差别:

(1)离与接。例如"旦"的"日"和"一"、"回"的"囗"和"口"、"语"的"讠""五""口"等都是相离的。"委"的"禾"和"女"、"含"的"今"和"口"等,都是相接的。

(2)夹与交。例如"哀""衷"的"口""中"被"衣"所夹,"秉"中的"禾"穿"又"而居。

(3)连与重。例如"我"中的"一"本是两横而相连成一横,"史"是"中"与"又"相连、相重成一形。

4.构件的数量。例如"口""吕""品","木""林""森","中"和"串",都是因为构件数量不同而有区别。

5.同一笔画位置的差别。例如"田—甲—申—电"、"王—玉—主"都构成不同的字。

6.平面图式。汉字在通过一定的顺序组构起来以后,构件呈现出平面的布局图式,这种图式是汉字结构静态的样式。汉字在古文字时期构形的图画性强,平面图式呈现为个体性的不规则状态;到小篆和今文字时期的隶书和楷书正体字,构形改为图案性强,平面图式可以用几何图形来规范化。《说文》小篆和现代楷书的平面图式按照国际标准可以确定为以下12种:

表3　汉字平面图式国际标准

编号	图式名称	图形表示①	小篆代表字	楷书代表字
1	独体			鼠五
2	左右结构			明钟
3	左中右结构			微衍
4	上下结构			旦觅
5	上中下结构			冀竟
6	全包围结构			图囷
7	上三包围结构			冈同
8	下三包围结构			函凶
9	左三包围结构			叵匡
10	左上包围结构			床仄
11	右上包围结构			句勿
12	左下包围结构			这建

实际上，经过统计，小篆和楷书的构形模式还不止这12种，还可以补充以下几种：

---

① 表中编号2至12的11种"图形表示"由unicode字符集国际编码所定，独体字图形表示为作者后加。

表4　汉字平面图式补充

编号	图式名称	图形表示①	小篆代表字	楷书代表字
1	品字结构			鑫
2	田字结构			叕
3	多合结构			器
4	框架结构			霝
5	上下多分结构			纛

　　从以上各种组合样式可以看出，拼音文字是以音素符号的线性排列来构形，为了区别不同的字，常要加多音节以延长字形，而汉字的区别手段都含在两维空间里，所以，在联合国六种文字的文本中，汉字文本通常是最薄的。

---

　　①　此表补充的五种图式，国际标准"图形表示"未定。表中的图式是本书作为建议设计的。

第七讲　构件在组构中的功能

　　构件是汉字构形的单位，不论是平面结构还是层次结构，每一个构件都在结构中具有一定的位置——或为基础构件，或为过渡构件的某级构件，或为直接构件。构件的位置是它参与构形的重要表现。构形与构意是分析汉字结构不可分割的两个要素，构件在具有结构位置的同时，还必须具有结构的构意功能。构件在构字时都体现一定的构意，构件所承担的构意类别，称为这个构件的结构功能，更明确地说，也称构意功能。构件在组构字时的构意功能以其功能的类型命名。

一、构件的表形功能

　　构件用与物象相似的形体来体现构意，即具有表形功能。表形功能是一种直观的构意功能，它不需要借助其他字来体现其作用，只需要认读者察觉字形与外物的关系即可判断其所指。

1.独体表形

　　构件用一个单独形体与外物联系来体现构意，即为独体表形。例如前面说到的甲骨文的"天"字，画一个突出头部的正面人形表示人的头顶，也象征宇宙的天；"福"字画一个丰满的仓廪，表示好运等等。第三讲说过，小篆的象形字多半是独体的，应当也属于这一类。

独体表形本身就是一个字，所以它是音义俱备的。遇到外形相似的事物用独体表形来体现构意，突出外物的特点是区别的关键。例如甲骨文中表示动物的字：

动物的外形大都设计为独体表形字符，会有很多地方难以区别，甲骨文的形体设计就是抓住了它们最突出的特点：A是鹿，突出它的角。B是马，突出它奔跑时扬起的鬃。C是虎，突出它的牙齿。D是犬，突出它向上弯曲的尾巴。E是豕，也就是猪，突出它的腹部。F是牛，G是羊，与其他设计不同的是，其他动物都画其全身，唯有牛羊仅画其头部，二者的区别在角。H是鼠，突出它的尖嘴和嘴边食物的碎屑。这一组表示动物的字采用的构形与构意，含有汉字学的一个重要规律——区别律。表意汉字需要以构形与词义契合，才能达到"约之以宜"的目的，符号之间的区别是构字的关键。甲骨文这一组动物字的构形设计巧妙地体现了区别律，造字时代人们对与己有关的客观世界观察的细致，也可见其一斑。

2.组合表形

用多个与物象相似的构件，按照生活的自然状况组合起来表达构意，即组合表形。其中每一个组合中的构件都具有表形功能。

此字为金文的"临"字，左上、右、下分别是它的一个表形构件。左上画俯视的眼睛，右边是人身的简化描述，下是三个物件，三个在文字上象征多数，因透视原理，上宽下窄。三个表形构件平面组合，全字的构意为向下张望，表示"临下"的词义。

此字为金文的"益"字，上、中、下分别是它的一个表形构件。下画器皿，中画器皿中的水，上画水从器皿中溢出来的形状。三个表形构件平面组合，全字的构意为水从器皿中溢出，表示"满溢"的词义。

此字为甲骨文的"叟"字，上、中、下分别是它的一个表形构件。上画房屋，中画火把，下画手。三个表形构件平面组合，全字描绘人持火把在屋中搜寻的情状，表示"搜寻"的词义。古代晚间视察安全的人多为长者，故引申为"老叟"的意义，"搜寻"字再加"扌"以别之。

此字为甲骨文的"即"字，左、右分别是它的一个表形构件。左边画一个食具，像簋的形状，右边画一个面向簋而坐的人。两个表形构件平面组合，全字的构意是人已即席，表示"靠近""已经到达"的词义。

此字为甲骨文的"既"字，左右分别是它的一个表形构件。右边画一个食具，像簋的形状，左边画一个背向簋而坐的人。两个表形构件平面组合，全字的构意是人已食毕，表示"完毕"的词义，引申为副词"已经"。

从以上实例可以看出，表形构件组合时，不仅构件本身有象物性，而且每一个构件的位置和它的放置方向，都对构意发生一定的作用。

3.象征表形

很多甲骨文和金文的表形构件，在古文字向今文字过渡的小篆中都已经义化而成字，但是还有一些具有表形功能的构件插入在具有其他功能的字里。例如：

《说文》："果，木实也。……象果形在木之上。"

《说文》："番，兽足谓之番。从采，田象其掌。"

《说文》："胃，谷府也。从肉、𡇴，象形。"

小篆"果"与"番"都从"田"，但都不是"田地"的"田"，它们是具有表形功能的非字构件，分别表示果实和兽足。"胃"上面的𡇴也属于非字构件，表示填满食物的胃脏。这些字的另一部分——"果"下的"木""番"上的"采"（biàn）"胃"下的"肉"——都已经成字，充当表义构件。这些表形构件插入其中仍以物象强化构意。小篆里有很多"口"并非唇口之口，它们也是插入表形的构件："谷"的"口"像山谷流向江河的出水口，"吕"的"口"像人的脊骨，"宫"的"口"像宫室一进一进的院落、房屋，"向"中的"口"表示北面的窗户……这些大部分属于古文字遗存的表形构件。

这些遗存的表形构件不具备字音，而且由于今文字字体的缘故，自身的象物性也已经相当淡化，因此我们只能称它们作"象征构件"，以其作为表形构件的附类。

由于楷书字体构件趋同现象的存在，象征构件不可以因为形体相同便加以认同，因为它们在不同的字里表示的具体构意也不尽相同。

61

二、构件的表义功能

构件以它在独用时所记录的词的词义来体现构意，这就是构件的表义功能。表义构件既然可以独用，而且具有语义，必然是成字的。构件的表义功能有两种类型：

1.表示类别义

有些表义构件所表示的构意是一种类别，从它们的字都属于一类事物或与这类事物有关的事物。这是今文字中构件最常见的功能，形声字的义符大部分属于这类功能。这里我们需要特别注意的是，汉字表示类别义的构件，经过许慎《说文解字》的规整，在构意上有很清晰的分工。例如：

在甲骨文里，表示植物的构件在组字时数目不同、形状不同，草、木不分，下面8个"春"字有"木"形和"艹"形两种，数量从4个到1个不等，而构意是相同的：

但在《说文》小篆里，不但"木"与"艹"有严格的区别，构件的数量也对构意起着不同的作用。《说文》草本植物都在《艸部》，而木本植物都在《木部》；《屮部》共收"屯""每""毒""芬""熏"①

---

① 这几个字在小篆里都从"屮"，都有向上生长或气味向上冒出的意思。

等字,不表示草类,表示的是向上生长和气出向上的构意;《屮部》收"莫""莽""葬"三个字,也不表类别,"屮"的构意是"草丛"。《林部》所收字大多与树木丛生和用多根木材于建筑有关,"森"也在《木部》。

　　《说文》的《言部》所收全部与人的言语行为有关,而人的非言语行为"喝""吹""咳""哑""吐"和动物的鸣叫等全部放在《口部》。也就是说,"言"具有表示人的言语行为的类别表义功能,"口"也有少数字如"名、命、召、问、唯"等表示语言行为的字,但多数则具有表示人和动物的口发出的非言语行为的类别表义功能。

　　《说文》中形声字义符做部首,收字较多的,部首又是成字的,大部分在构字时属于表义构件,而且主要是表示类别义。前面说过,表义功能的构件必须是成字构件,但在楷书中,很多义符由于书写的缘故,产生了笔形变体,看起来成了非字构件,例如:

　　水—氵　手—扌　心—忄　牛—牜　人—亻　肉—月　子—孑

　　还有一些古文字的表类别义的构件演变为楷书也成了非字构件,例如:

　　𠆢（甲骨文）—宀（小篆:mián）—宀（楷书:宝盖）表示房屋。

　　（甲骨文）（小篆:gǒng）—廾（楷书:"弄""算"从此）表示双手的动作。

　　（小篆:chuǎn）—舛（楷书:"舞""舜"从此）表示两足相背。

上述这些非字构件,因为从来不单独使用,所以不成字,它们的声音是人为拟定的,但它们的构意功能仍然属于表义功能,而且大部分是表示类别义的。

2.表示个体义

有些表义功能的构件表示个体的意义,与类别无关。例如:"炙"中的"月"(肉)只表示被火烧灼的肉。"黍"中的"水"只表示种稻水田中的水。"宝"中的"宀"只表示宝物是藏在屋里的。"掰"中的双手,只表示把物件掰成两半的手。"断"中的"斤",只表示将丝砍断的那把斧头……这些构件的表义功能属于具体的字,它们对全字构意的作用是个体的。

表义构件与表形构件的区别在于,表义构件给构意提供的作用是概括的语义,而表形构件给构意提供的是与事物相关的具体形象。凡用表形构件构成的合体字,它们在整个字的结构中的位置和置向都是与物象一致的,因而是不能随意更动的。可观察以下汉字中金文、小篆和楷书构件"水"构意的比较:

上面各组字形中,第一个是金文,金文字形中的"水"有些虽已经成"水"形,但它们各自存在的状态不同——有的是盆中的水(监、益、盥),有的是河底的水(沙),有的是流淌的河(衍、涉),所以形体各异。再看它们与其他构件的位置关系——盆中水都放在器皿内,与人有关系的,"监"的人身在旁,眼睛在上俯视;盥的两手在两旁。"沙"应当转动90度,可见水少而沙见的情状;"衍"是水朝大海流淌的情状,可见河的两岸;"涉"表示过河,也可见河道,两足放在两岸,方可显示"渡过"的意思。这些构件都属于表形构件。第二、三是《说文》小篆和楷书,除"監"和"益"还承袭了金文的构形状态外,其他四字的"水"都已经是语言中概括的"水",只说明这些字与"水"有关,位置也一般放在左边,不再用形体与物象对应了。

三、构件的示音功能与示源功能

构件在构字时与所构字的语音相同或相近,用提示语音的方法与同类字区别,即有示音功能。例如"榆""松""桐""梨""桃""枫"是表示不同树名的字,"俞""公""同""利""兆""风"这些构件分别与全字的读音相近或相同,承担的是示音功能。通过这些示音构件,可以将"榆""松""桐""梨""桃""枫"所对应的树名提示出来,并与其他树名区别开来。

为什么我们不把声符的功能称作"表(标)音功能"而称"示音功能"? 这是因为,汉字的声符从本质上不是用来标音,没有指读字音的功能。由于方言的差异,构字所采用的声符不论在哪个地区,都不可能与所构字绝对同音,大部分只能近似。由于语音的演变,声符与所构汉字之间的声音联系有的已经距离很远,大部分也只能近似。汉字的声符要起的作用只是在义符表示的意义类别范围内,区别出文字表示的个体事物。例如,在表示女性的"女"

旁诸字中,用"马""且""未""古""夷""审"等声符,区别出"妈""姐""妹""姑""姨""婶"等与女有关的字,然后按照语言的实际读音来读这些字。正因为声符如果不与语词结合无法确定准确的字音,所以,如果没有把握某个词语,光凭声符,任何人都不敢贸然读出这个字的声音。正是因为声符对字音仅有提示作用,不需要准确标音,汉字才具有超方言的特点。

在具有示音功能的构件中,有一部分还同时可以提示词源意义,也就是具有示源功能。这是由于一部分形声字属于源字的分化字。第一讲里我们曾经说过,汉字中的形声字大部分是增加义符分化的结果。在分化形声字中,有两种是用源字作为形声字的声符的:

1.广义分化字

源字具有广义,加义符分化出其中某一类范围较狭小的意义。例如:

"正"分化出"政""证""征""整"等字。

"北"分化出"背""邶"等字。

"勾"(句)分化出"钩""笱""峋""苟""佝""耇""驹""狗""局""拘"等字。

"冓"分化出"溝"(沟)、"購"(购)、"媾"、"遘"、"篝"、"觏"、"煹"等字。

"申"(电)分化出"伸""绅""神""呻""電"等字。

"仑"分化出"轮""沦""论""抢"等字。

2.引义分化字

源字有众多引申义,加义符把某一个引申义分化出来。例如:

"心"分化出"芯";"坐"分化出"座"。
"齐"分化出"剂";"元"分化出"冠"。
"弓"分化出"躬";"责"分化出"债"。

这两种形声字的声符就是分化前的源字,所以除了有示音功能外,还同时有示源功能。这种现象又称作"右文现象",严格说,它不是文字现象,而是语言现象在文字上的反映。所以称作"右文现象",源于宋代所起的"右文说"。宋代沈括(1031—1095)作《梦溪笔谈》,其书卷十四说:"王圣美治字学,演其义以为右文。古之字书皆从左文。凡字,其类在左,其义在右。如木类,其左皆从木。所谓右文者,如戋,小也。水之小者曰浅,金之小者曰钱,歹而小者曰残,贝之小者曰贱。如此之类,皆以戋为义也。"对"右文现象"的正确认识,是汉语词源学的一个重要课题,汉字构形学里不宜多说。这里我们只需要明白两点:第一,右文现象是存在的,其原因为源字的分化。但源字用自身做声符来分化词的广义和引申义并不是普遍现象,认为示音构件都同时有示源功能,是不科学的。就文字学而言,提示意义来源只是一部分示音构件附带的功能。第二,构件的示音功能同时具有示源功能,并不等于形声字就变成了会意字。一部分示音功能的构件提示的是词源意义,也就是汉语单音词产生时音义结合的来源,与表义功能提示的类别义和个体义完全是两回事。

四、构件的标示功能

构件不独立存在,而是附加在另一个构件上,起区别和指事作用,即具有标示功能。承担标示功能的构件一般为非字构件。标示功能有两种不同的情况:

1.只有区别作用的标示构件。例如:

甲骨文的 ⼩ (少)与 ⼩ (小)区别,所加的点具有标示功能。

甲骨文的 ⼄ (旬)取 ⼄ (云)的下面的象形部分,加斜点以区别,斜点具有标示功能。

甲骨文的 ⼄ (尤)取 ⼄ (又)字加短横以区别,短横具有标示功能。

甲骨文的 ⼄ (千)取 ⼄ (人)加短横以区别,所加短横具有标示功能。

甲骨文的 ⼄ (百)与 ⼄ (白)上加一横以区别,一横具有标示功能。

隶、楷的"太"与"大"区别,所加的点有标示功能。

这种构字的方法,是取被区别字的意或音,从被区别字形体上选择一个合适的位置加上一个标示符号,标示的目的是表示自身与被区别字不同,其构意即是标示区别。

2.既有区别作用又有指事作用的标示构件。例如:

小篆的"亦"作 ，是"腋"的古字，字形为一正面人形，用两点指示腋下，这两点即是起指事作用的标示构件。

小篆的 （卒）只在 （衣）上加一斜的线条，表示兵卒衣服上的标志，斜线条即是起指事作用的标示构件。

"刃"中的"、"用以指示刀刃之所在。

"末"上面的一横指示出树梢的位置，"本"则因指示树根的位置而将一横置于"木"下面，它们都是起指事作用的标示构件。

这种标示符号的位置与它要标示的事物有关，也就是说，它既用来和不加标示符号的字区别，又用所加的位置同时体现构意。

具有以上四种功能的构件，我们分别称为表形构件、表义构件、示音构件、标示构件。

从以上所述汉字构形的四种构意功能可以看出，不论是哪种功能，前提都是表意汉字构形和构意的统一，正因为不论哪个时代、哪种字体的结构，都可以从构形中分析出构件的功能来，汉字才可以按构意讲解，按构意拆分。构意功能的重要意义正在于此。

五、构意丧失与记号构件的出现

汉字在发展过程中，总有一部分构件在演变中丧失了构意的功能，变得无法解释，我们称这些构件为记号构件。例如：

"执"（执）在甲骨文中作 ，像罪人两手被铐在桎梏之中，金文作 ，小篆沿袭金文作 ，楷书随之演变为"执"，左边的"幸"原是表示手铐的表形构件，隶变楷化后失去象形性，又没有变成相应的成字而义化，也不能成为其他构件的变体，因此沦为记号构件。

楷书"塞"与"寒"的中部因黏合而变形，无法解释，失去构意。将二字分别上溯，至小篆始见端倪：

　　[篆]《说文》："寒，冻也。从人在宀下，以茻荐覆之，下有仌。"

　　[篆]《说文》："塞，隔也。从土，从窦。""窦，窒也。"

它们各有各的构意，中间的部分并非同一个构件，是分别由不同的几个基础构件黏合而成的，在楷书里，中间部分已经是记号构件。

"秦""春""舂""泰"的上部，都是两个以上构件黏连而成、无法再行拆分的非字构件，完全失去了可解释性，变为记号构件。这组字中的记号部件看来是同形的，其实，它们和上一组一样，在黏合之前的成分除了"秦"与"春"有联系以外，其他并不完全一样，上溯到小篆就可以看出：

记号构件只有构形作用，它的构意功能如果不经过溯源，无法解释。这些构件彼此没有对应性，无法根据构形归纳在一起。尤其是其中的黏合构件，黏合之前的状态彼此不同，也无法分析为某种结构的变体。

记号构件属于没有构意的构件，所以不能跟上述四种构件置于同等地位，它们与具有不同构意功能的构件形成总体的对立。

第八讲　汉字的构形模式与"六书"

　　构形模式是指构件以不同的功能组合为全字从而体现构意的诸多样式。这些样式是由直接构件的功能决定的。

　　"六书"是汉字学不灭的主题，汉字学也称"六书学"，但"六书"的实质是什么？有各种各样的看法。其实，"六书"的前四书就是人们公认的四种构形模式。结构规律的反向操作就是解构的规律，因此"六书"又成为汉字字形释读的方法。后二书则是对释字方法的补充。但"六书"对从古到今的汉字难以完全涵盖，这就引起我们对汉字构形模式更全面的探求。

　　在明确了汉字构形的元素和构件的构意功能后，我们采用一种"结构−功能"分析法来讨论汉字的构形模式，可以说，构形模式是指构件以不同的功能组合为全字从而体现构意的诸多样式。第七讲谈到，综观自甲骨文以来各种字体的构件，它们在全字中所具有的构形并体现构意的功能共有四类，只要考察每一个已释字直接构件的功能，就可以对汉字的构形模式做穷尽的分类。根据"结构−功能"分析法，汉字从古到今的构形模式归纳为10种：

一、全功能零合成字

它是由一个单独的成字构件也就是一个形素构成的，或者说，它从一开始就无法再行拆分，也就是所说的独体字。由于独体字没有合成对象，我们取语言学的"零"概念来指称它；也因为它没有合成对象，组成它的形素必须既表形义又表音，所以是全功能的。全功能零合成字有两种类型：

1. 传承式

传承式零合成字是由古文字的独体象形字直接演变来的。大量独体字在演变中一直没有发生结构模式的变化。下面的字例按甲骨文、金文、小篆、楷书排列，可以看到同一个字不同字体的传承关系：

2.黏合式

黏合式零合成字是古文字阶段的合体字,是经过隶变、楷化发生变异,构件黏合而无法再分析的字。例如:

甲骨文⿰、⿰本是同一字的异体,金文⿰与⿰、小篆⿰与⿰承袭甲骨文,但两个异体字分化为"史"和"吏"。两字均可分析为从"中"从"又"的合体字,楷书上下部件均粘连为"史"和"吏",无法再行拆分,在它们自身的系统里成为零合成字。

金文⿰与⿰对照,构意的思路是一致的,以手握两禾表示"并有"。小篆继承金文,字形作⿰,解释作"并也,从又持秝"。又补充说:"兼持二禾,秉持一禾"。("秉"解释作"禾束也,从又持禾"。)到小篆为止,"兼"还是多部件的字。楷书作"兼","兼"重合了两个"禾"的第二笔,分别减去了第一个"禾"的捺和第二个"禾"的撇,黏合为一体,在楷书系统里成为黏合的零合成字。

黏合的零合成字多半在隶楷阶段产生,黏合式汉字是汉字发展中的演变现象,与传承式零合成字在本质上是不同的。

二、标形合成字

汉字在以旧字构造新字时,最容易的办法是用简单的符号区别新字与旧字。旧字是新字的背景,新字在旧字被标示的地方产生构意。根据新字与旧字在形、音、义哪一方面相关,新字与旧字在表现的物象上相关,而用简单的符号区别,也就是一个表形成字构件加上标示构件,以标示物体的位置,增加与形体相关的信息,即为标形合成字,例如:

甲骨文的 ᓚ(刃)是 ᓚ(刀)在刃口的位置上加一个点构成的。这个点标示刀刃的位置来体现构意。"刀"是表形构件,"、"是标示构件,属于标形合成字。

金文 ᓚ(叉)、小篆 ᓚ 都是在表形构件"又"(手形)中加一个标示的点或小横,提示两只手手指交互叉入。

甲骨文的 ᓚ(甘)是表形构件 ᓚ(口)中加一横,标示口中的滋味。ᓚ(曰)则把标示的一横加在口上,表示申说。与"甘"对照,滋味在口中,而申说之气出在口外。金文与小篆的"口"分别作 ᓚ 和 ᓚ,而"曰"分别作 ᓚ 和 ᓚ,与甲骨文一脉相承。

三、标义合成字

新字与旧字在语言意义上相关,而用简单的符号区别,也就是一个表义成字构件加上标示构件,以标示二者的区别,即为标义合成字。标义合成字与作为背景的旧字通常是近义字,大部分也是旧字的直接分化字。例如:

甲骨文的 ╧（少），以 ╷╷（小）为背景，再加标示构件一点，以表示其与"小"意义相关而不同。

甲骨文的 ╉、金文的 ╁ 和小篆的 大 都画一个正面的人形，《说文》解释这个形体说"天大地大人亦大，故大象人形"，楷书"大"承袭古文字的构形。"太"专用作"最上""最原始"的意义，"太一""太上""太古"等，可见"太"的词义。"太"是"大"的直接分化字，加一点以与"大"区别。

小篆 ⿱言（言）与甲骨文 ⿱言、金文 ⿱言 一脉相承。金文 ⿱言（音）与小篆 ⿱言 均在"言"下"口"中加一横构形。《说文》："音，声也。生于心，有节于外谓之音；宫商角徵羽声；丝竹金石匏土革木音也。从言，含一。"《说文》"意内而言外"，音与言都见于外，二者的区别是标识构件"一"。

标形合成字与标义合成字的区别首先在于作为背景的字是否象形，标形合成字作为背景的旧字是象形的，更主要的是它的标示构件所标的位置是指事的，与新字的构意有必然的联系。而标义合成字的背景字虽然也有些是象形的，但它的标示构件仅仅表示区别而不指事，与构意没有必然的联系。

四、标音合成字

新字与旧字的字音相关，用简单的符号表示区别，成为标音合成字。在标义合成字中，如果旧字与新字之间有同源孳乳的关系，同时也就是标音合成字，例如上面所说的"小"与"少"，"大"与

"太"。早期古文字中，甲骨文里可见多字为这种构形模式，例如第七讲在构件的标示功能一节中所举的例子：

甲骨文的 丿（旬，邪纽真韵）与 乙（云，匣纽文韵）音近，取"云"下面的象形部分，加标示构件斜点以区别。

甲骨文的 千（千，清纽真韵）与 人（人，日纽真韵）音近，取"人"字加标示构件短横以区别。

甲骨文的 百（百，帮纽铎韵）与 白（白，并纽铎韵）音近，取"白"字上加标示构件一横以区别。

标音合成字里的声音应当是造字当时及当地的语音，殷商古音系统研究未备，上面标注的是周秦古音。

五、会形合成字

两个以上的表形构件组合在一起，表示一个新的意义，即为会形合成字。会形合成字都是形合字，也就是说，这种合成字不但构件是以物象体现意义，而且按物象的实际状态来放置构件，即以形合的方式来组合。只有古文字才有会形合成字。这种模式在前几讲已经看过很多，这里再举出一些：

甲骨文：① 𣴎（舁）② 北（北）③ 向（向）④ 夹（夹）

金文：⑤ 𦥑（舉）⑥ 客（客）⑦ 毓（毓）⑧ 州（州）

甲骨文"舁"以四只手抬物表示"起"的意思，"北"以两个背对背的人表示相背，"向"以房屋的通口表示窗户，"夹"
以腋下的两人表示夹持。金文"舉"以四只手支撑工具将物
支起表示高举，"客"以人、脚进入房内开口说话表示客人，
"毓"以母亲、倒置的"子"和血滴表示生育，"州"以"川"中
的陆地表示水中可居者。

会形合成字都是用两个以上表形构件组合而成，又以事物的
实际状态为依据来平面组构成字。

六、形义合成字

用表义与表形构件组合在一起，表示一个新的意义，即为形义
合成字。例如：

　　"興"字发展到小篆，构形作，是从甲骨文加"口"的
形演变来的，构形四手相对，是表形构件，中间加"同"字
表示"共同"。是用表形与表义两种构件组合而成的。
　　"柬"字金文作，小篆构形作，由"束"和"八"组成。
《说文》："柬，分别简之也。从束，从八。八，分别也。"徐锴
《说文系传》："开其束而柬之也。会意。"王筠《说文释例》：
"柬字从八，而八不在外者，于束中柬择之，不可于束外柬择之
也。""束"像枝叶被捆缚状，是表形构件，中间加"八"，"柬"
有把捆在一起的东西分拣出来的意思，"八"有"分别"义，是
表义构件。所以"柬"为形义合成字。

小篆的 ⿱ 是由金文 ⿱ 简化而成的。"鬲"是烹饪器，上有米，旁边是蒸汽上出的形状。"鬲""米"均已成字，可以作为意义信息，蒸汽的形状仍为表形部件，此为形义合成字。

前面所说的小篆 ⿱ 、⿱ 、⿱ ，都由一个未成字的古文字遗留下来的表形部件和一个成字的表义构件组成，只有双方合成才能显示构意。

⿱ 、⿱ ，二字在小篆中均从 艸 ，《说文》给予"艸"mǎng的读音，其实这个符号并未单独使用过，朱骏声《说文通训定声》说："经传草艸字皆以莽为之。"这就是说，艸字的读音是附会"莽"音而设。确切的说法是：艸表示草丛，为表形构件，日落草丛中为"莫"（暮），犬在草丛中跑为"莽"，与"奔"同意。这两个字都应定为形义合成字。

甲骨文"族"字作 ⿰ ，金文作 ⿰ ，《说文》小篆作 ⿰ ，都是由表示旌旗之⿰的表形构件加上已经成字的"矢"构成的，是箭镞的本字，属于形义合成字。

形义合成字实际上是会形合成字与会义合成字之间的过渡模式。有的偏重形合，表义构件只是给表形构件增加一点意义信息；有的偏重义合，表形构件只是尚未演变成字而已。

七、会义合成字

用两个以上的表义构件组合在一起，表示一个新的意义，即为会义合成字。会义合成字的构意，是由表义构件所提供的诸多意义信息共同表示的。例如：

> "友"，小篆作𩰫，从两"又"，以一人之手外加一人之手，
> 协助者为友。
>
> "匠"字从"斤"，匠人的工具，从"匚"，匠人的工具箱，或
> 所做之器，两个表义构件提供的都是与匠人有关的意义信息。
>
> "占"由"卜"和"口"会"卜问"义。
>
> "析"从"木"和"斤"，构意为用斧剖析木头，为"分析"义。

　　"炙"以从"火"从"肉"的构形，会合为"用火烤肉"的构意，
表示"烧灼"义。

　　会义合成字多为两个构件合成，也有多个构件的。多构件的
会义合成字以平面结构为多。例如：

> "解"字从"角"、从"牛"、从"刀"，用以刀剖解牛角表示
> "解析"的意思。

八、形音合成字

　　用表形构件与表音构件组合，即为形音合成字。这种模式在
甲骨文中是一种很重要的模式。甲骨文中的一些象形字，出于区
别或更便于识别的原因，再加上一个示音构件，以增加字音的信
息，便成为形音合成字。例如：

甲骨文中的"凤""鸡""星"与小篆中的"齿"等,原来都是象形字,以后又增加了"凡""奚""生""止"这样的表音构件,使字面所含的信息更为丰满。

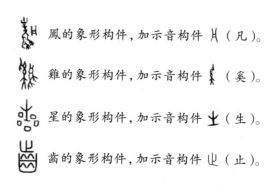

鳳的象形构件,加示音构件 月（凡）。

雞的象形构件,加示音构件 奚（奚）。

星的象形构件,加示音构件 生（生）。

齒的象形构件,加示音构件 止（止）。

以上四例,象形构件有明显的象物性,但没有发现单用的用例,也就是没有它们独立记词职能的证据,只能认为它们还没有成字,属于非字构件。加上示音构件以后,原来的象形构件被示音构件强化,形音并举,表形构件的作用更为突出。其实,我们完全可以推测,这些酷似物象的象形构件,在图画文字时期应当是被单独应用过的,它们本来具有声音,后来添加的声符不过是原来字音的显现而已。

在形音合成字中,有一类合成与前几例不同:

甲骨文 本是蚕的象形字,单独使用,成为零合成字,有记词职能,说明它本来就有音。金文加上 （虫）作 ,小篆承袭金文,也有表类别义的构件 （虫）作 。

最后构成的义音合成字,表义构件是由象形构件义化而来,示音构件就是原有的象形构件,本来就有音。与上面四个例子不同的是：上面四例是用声符强化独体象形字；本例是用义符强化独体象形字。

九、义音合成字

　　用表义构件与示音构件组合，即为义音合成字。义音合成字就是典型的传统形声字。它以表义构件来体现义类，又以示音构件来提示读音，形成了同类字以音区别，近音字以义区别的格局。《说文》中示音构件介入的字已经占到将近90%，绝大部分是这类义音合成字。义音合成字的表义构件多为表类别义的构件，而每类义音合成字的多少，是与语言中这类词的多少紧密相关的。每类词的多少，又与这类事物和人类生活的关系密切到什么程度相关。《说文解字》中，《水部》是个大部，共有464个条目。表示植物的"艸""木""竹""禾"四个大部首，它们所辖字有1100多个，占整个《说文解字》12%左右。

　　义音合成字的构件既有音义，必然都是成字构件，同一字样既可于此字充当表义构件，又可于彼字充当示音构件，在形素的使用上非常经济，因此，它逐渐成为今文字的主体。可以下面两组义音合成字为例：

　　　　A组：跳　洮　逃　桃　挑　姚　窕

　　　　B组：语　议　论　证　试　记　谋

　　　　A组字音都与"兆"相近，以"足""氵""辶""木""手""女""穴"表示其义类而区别；B组字义都与言语行为有关,以"讠(言)"充当它们共同的表义构件,而又以"吾""义""仑""正""式""己""某"提示其声音而区别。

十、综合合成字

上述九种构形模式,对有些字来说,可以交叉综合。所谓综合模式,是由多个表形、示音、表义、标示构件一次合成的。例如:

小篆"葬"作 葬,《说文》:"葬,藏也。从死在茻中。一其中,所以荐之。《易》曰:'古之葬者,厚衣之以薪。'"从"茻"与"莽""莫"同意,为表形构件,从"死"为表义构件,依照《说文》的解释,"一"为指事形的标示构件,全字为综合合成模式。

甲骨文"春"作 萅,从两木,表形;从日,表义;屯声。属于综合合成模式。比较另一形体 萅,小篆承袭之作 萅,则为义音合成模式。

金文的"渔"作 漁,含三个构件,从两手表形,"鱼"表形兼示音,"水"表义。合成"捕鱼"的意义,属于综合合成模式。比较另两个形体 漁 和 漁,后者完全是会形合成。

综合合成模式分作有音与无音两种,前者有示音功能的构件加入,后者没有。

构形模式大约可以涵盖从甲骨文到楷书的绝大部分构形方式。这种分析方法是出于构形与构意统一的原则来确立的,从两个方面来确定构形模式——第一是哪些构件参与结构，第二是这些构件具有何种构意功能。所以称为"结构－功能"分析法。

既然"六书"的前四书本身就是一种"结构－功能"分析方法，这种方法和我们提出的10种模式是什么关系？这一点必须加以论证。

在说到"六书"之前，还要先说到另一种传统分析汉字的角度。这种分析的角度，是按照汉字结构的复杂程度，把汉字分为独体字和合体字两部分。章太炎先生又加上了准独体字这种中间现象。如果把独体字界定为只有一个构件的字，则相当于10种模式中的零合成字；如果把准独体字界定为一个成字构件加一个非字构件的字，则相当于10种模式中的三种有标示构件参与的模式，其他的就都是合体字了。章太炎先生还在合体字里加上了一种杂体字，也是一种混合现象，即在数个成字构件之外还有非字构件参构，这种杂体字当然也就包含在10种模式中的两种综合合成字里了。

汉字从古到今，构形模式在简化之中，自今文字以来，构件就没有表形功能了。因此，有表形构件参与的模式也就随之消失，也就是说，减去有表形功能的3种模式，10种模式只剩下7种，这就是构形系统的简化。小篆经过许慎的规整，首先把组字的构件都成字化，都有了音和义，也就是加以义化，只有独体字才是象形字。因此，他把构件的功能简化为表义、示音和标示三种，构形模式也就简化为前四书了。

换一个角度，如果我们把表形功能看作是表义功能的前身，或将二者归为一类，这样也就可以用前四书来分析古文字，这样按小篆把独体象形字算一类，采用标示构件的字称作指事字，有示音构件的都笼统称形声字，没有示音构件的都笼统称会意字，这种称谓

可以把10种构形模式与前四书加以对应,形成以下的对应格局①:

表5　构形模式与前四书对应表

1	全功能构件＋○	零合成字	独体字	象形
2	表形构件＋标示构件	标形合成字	准独体字	指事
3	表义构件＋标示构件	标义合成字		
4	示音构件＋标示构件	标音合成字		形声
8	表形构件＋示音构件	形音合成字	合体字	
9	表义构件＋示音构件	义音合成字		
10-1	示音构件＋各类构件	综合合成字 （有音）		
5	表形构件＋表形构件	会形合成字		会意
6	表形构件＋表义构件	形义合成字		
7	表义构件＋表义构件	会义合成字		
10-2	各类构件（无示音）	综合合成字 （无音）		

在用"结构-功能"分析法把汉字分成10种模式以后,可以看出这种勉强用前四书分析各类字体的做法确实有削足适履的弊病。比如,前面已经说过,会形合成字与会义合成字在特点上是很不一样的,会形合成字的构件所居的位置是与构意有关的,如果在考据时把构件位置不同的会形合成字释为同一个字,势必要产生误失。又如,传统独体字在小篆里的确绝大部分还保留象物性,但是这些字在隶变、楷化以后已经义化,再称为象形字很不妥当。楷书中相当一部分独体字是黏合而成,如果用独体象形字的观念去看,更是难以理解了。再如,甲骨文里的标音合成字,用标示构件来分化同音字,它既不能进入形声字——因为其中没有表义或表

---

① 下表第1栏的序数,与前文排列10种模式的序号相对应。

形构件，又不都用成字构件构成；算作指事字也不妥当——因为它有示音的要素，传统"六书"里找不到它的位置。我们现在用"结构–功能"分析法确立的构形模式，对各时代的汉字都可以囊括，它体现了"六书"的基本原理，避免了"六书"的局限，也能涵盖前四书，在理论上和操作上应当是可行的。不过，"六书"的影响实在太大了，在普及的领域里，有时还不得不使用它来大致界定汉字的构形、解释汉字的构意，但有了对"结构–功能"分析的全面认识，对"六书"条例的使用可以更慎重一些，力求不产生失误。

第九讲　汉字构形的共时相关关系

　　下面两讲要解决的，是两个以上的汉字如何比较其异同，建立起应有的关系。问题从两个方面来解决，这一讲先解决共时的汉字——也就是在同一时期使用的统一字体的汉字——认同别异的问题。认同别异的目的是对纷繁复杂的汉字进行整理，去掉其中冗余的字样，保留其中必要的区别，使汉字发展更为健康，使用更为便利。解决这个问题首先要分解出汉字构形的属性，在分解汉字的构形属性之前，先要知道汉字总体有哪些属性，把构形属性放到总体属性里去观察。（下页表6是汉字总体的属性表。）

　　其实，汉字的构形属性、书写属性和字用属性三者是相关的。解决共时汉字的认同别异问题，主要靠构形属性，图表中所说的构形属性，前面都已经讲到，这里不再重复。汉字的构形属性可以用来对一个汉字的构形进行描写，因而也就可以用来比较两个以上汉字构形的异同，弄清汉字与汉字之间的构形关系。

　　对共时汉字进行认同，是在不同层次上进行的。

表6 汉字属性表

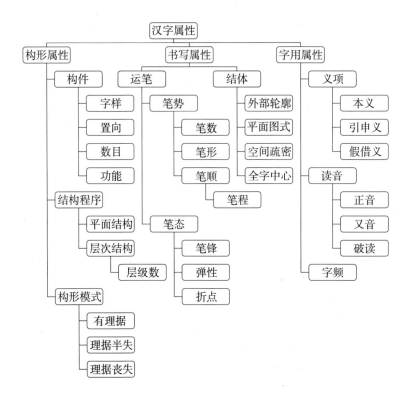

一、字样的认同

在同一种形制下,记录同一个词,构形、构意相同,写法也相同的字,称作一个字样。字样不计风格、不计大小、不计运笔和结体的特点,都可以加以认同,归纳到一起。例如:

图1 不同风格字样示例 ①

上面两组字"教"和"怀"都是楷书,书体风格不同,但写法完全一样,都属于同一个字样。古文字也有字样认同的问题。以金文的"皇"字为例:

以上七个金文"皇"字,时期虽不相同,但基本属于同一形制,构形完全相同,区别只在线条的曲直长短略有差异,它们属于同一个字样,可以直接认同归纳。

字样是汉字认同别异的基础单位。

二、字位的认同

在同一体制下,记录同一个词,构形、构意相同,仅仅是写法

---

① 见刘建编:《楷字编》,文物出版社1998年版,第697—698、436页。

不同的字样，称作异写字。异写字认同后，归纳到一起，称为一个
字位。

异写现象在汉字发生早期，由于形体不固定，带有随意性，所
以大量存在。例如在甲骨文里，一个简单的"酉"字，就可以找到
几十种写法，下面略举出十二种，可见异写现象在早期卜辞中的普
遍性：

前面说到的金文"皇"字都可以归纳为一个字样，而下面这些
字样则属于异写字，需要归纳为一个字位：

金文"皇"字的构意有不同的说法，一般认为是皇冠的形象，
由三部分绘形——光芒、冠、底座。上面十个金文字样，都有这三
个部分，区别在于其中某部分的铸迹形状略有差异，可以认为是十
个异写字，归纳为一个字位。

除了早期古文字形体不固定形成的异写字以外，手写体的异
写字也大量存在。在汉碑中，隶书"刻"字有多种写法：

这五种形体都是"刻"字，左边从"亥"，是示音构件，右边从
"刀"，是表示类义的表义构件，只是"亥"和"刀"的写法各异。也

就是说,这五个字整体的差异,不是结构要素、结构模式、构件分布的差异,这种差异当然也不会影响它们的构意,因而它们的构形属性是全然相同的,所不同的是各结构要素内部笔画上的差异,也就是书写属性的差异。可以说,这些形体属于同一个字的不同写法,也就是属于同一个字位。

异写字有以下几种情况:

1.独体字产生书写上的差异

例如前面所说的甲骨文"酉"字。《说文》中很多独体字的重文,多半是来源于不同地域的异写字。例如:

$$\text{上} - \text{上}(\text{上}) \qquad \text{示} - \text{示}(\text{示})$$

$$\text{尸} - \text{尸}(夗,\text{niè}) \qquad \text{X} - \text{X}(\text{五}) \qquad \text{酉} - \text{酉} - \text{酉}(\text{西})$$

$$\text{渊} - \text{渊}(\text{渊}) \qquad \text{中} - \text{中} - \text{中}(\text{中})$$

楷书的独体字中还有一种情况,属于隶变字与隶定字的区别。例如:"冉—冄""年—秊"等,前面是自然演变的隶变字,后面是古文字转写的隶古定字,均属此类。

2.直接构件产生书写上的差异

例如前面所说的"刻"字的差异。再如:旾—昔、語—语。这两组也属于前者,是古文字隶定字形,后者是隶变楷化的形体。由于直接构件是确定构意的第一要素,所以,只要直接构件的差异不涉及音义,不是本质的差异,仅仅是书写的差异,就不会影响构意,也就可以归纳为一个字位。直接构件产生书写差异常常是系统性的，且看下面四组异写字，都是因为同一个直接构件写法不同而造成的。例如："删—刪""姍—姗""栅—柵""珊—珊"，均因"册—冊"异写而造成，"垛—垜""跺—跥"均因"朵—朶"异写而造成。

3.基础部件或过渡构件产生书写上的差异，间接影响了直接构件的差异

例如"轉—轉—轉"，"轉"字属于层次结构的义音合成字，由像纺锤的"叀"加"寸"构成示音并示源的声符"專"，再加表义构件"車"构成。前面三个字样中，由于"叀"字书写有笔画上的差异，产生了"叀"的书写变体，间接影响了直接构件"專"的形体，形成了不同的字样。但这种差异没有改变"專"的构形与构意，也就不会影响"轉"的构形与构意，它们只是书写差异，互为异写字，可以归纳为一个字位。

4.改变构件相对位置而不影响构意造成的差异

前面说过，构件的相对位置和平面图式属于汉字的构形属性，是可以区别构意的，但有些构件相对位置的改变或平面图式的改变并不影响构意。特别是楷书的形声字，左右结构和上下结构的变化，并不影响它"类同以音别，音同以类别"的格局。还有较多的异写字也属于这种情况，例如：

"峰—峯""概—槩""峨—峩""裏—裡""群—羣""鹅—鵞—鵝""繁—緐""魂—䰟""期—朞""略—畧""蟆—蟇""够—夠"

汉字经历了漫长的历史，楷书从魏晋时代成熟，至今仍是实用的文字，到了汉字的使用非常广泛以后，在个人使用汉字这个层面上，由于书写人的习惯不同，异写现象会十分普遍。例如很常用的"绍"字，在《龙龛手镜》里就有四种写法，"漫"字有两种写法……这些字都是笔画数中等的字，异写的泛滥可见其一斑。虽然异写字的相互差异只是书写方面的、在笔画这个层次上的差异，没有构形上的实质差别，它的存在也说明，人们对汉字的形体识别，具有一定程度上的兼容性；在高层次的书法领域里，书法家还常常借助这种兼容性来美化字体，表现个性，所以在上层文化领域里，个人书写的层面上，汉字纷乱的写法是无碍的。

但从社会用字的角度上看，这是一种对全社会文化普遍交流不利的现象。特别是在信息时代，在汉字进入电脑以后，异写现象更是一种消极因素大于积极因素的现象：首先，它增加了一般汉字使用者记忆的负担，明明是一个字，要记很多形体，在文化普及、基础教育以及对外汉语教学领域里，会使教育者与受教育者备受干扰，增加识字的难度，加大释读者的负担。其次，它影响印刷与汉字信息处理，使排版和打印的字库增加许多没有用处的形体，加大电脑的内码数量，增加找字的困难，字形加多，信息量却没有增加。再次，一个字有多种写法，使用者莫衷一是，必然会影响信息传播的速度和信度。所以，将异写字归纳为字位，以一个字位代表字为主形，其他字样认同而已，不再通行，是汉字整理十分重要的工作。

整理异写字可以从两个角度入手：第一，是直接在异写字中找出一个标准体做正字，其他形体只要能与标准体认同就可以了。第二，是对基础构件加以规范。由上述各例可以看出，异写字的形体差异，都是在汉字最小的基础构件内部产生的，如果我们把汉字的基础构件规范了，由基础构件构成的字也就避免了异写现象。例如，"刻"的异写字可以由"亥"来规范，"轉"的异写字可以由"叀"来规范。目前，中国大陆《通用规范汉字表》对"规范字"的确立，台湾地区的国字整理对"正字"的确立，大量的基础工作都首先是在解决异写字的优选和字形标准化的问题。

三、字种的认同

形体结构不同而音义都相同、记录同一个词、在任何环境下都可以互相置换的字，称作异构字。异构字聚合在一起，称为一个字种。

之前人们常说的"异体字"，包括异构字和一部分他们认为差异较大的异写字。这个认识也容易产生概念的含混。在构形学里，异构字与异写字必须分开，因为异构字的构形与构意不同，认同的是它的记词职能，而异写字不但记词职能相同，构形和构意也是相同的。异构字具有两个必要的条件：一是记录汉语词汇的职能相同，也就是说，音与义绝对相同；二是它们在书写记录言语作品时，不论在什么语境下，都可以互相置换。我国20世纪50年代为了减少使用汉字的字数，公布了《第一批异体字整理表》(简称《一异表》)。这个字表涉及的所谓异体字，在字际关系上是多种多样的，并不都符合上述两个条件，因而引起异体字定义的混乱。有些学者在尊重《一异表》的前提下，提出了"广义异体字"与"狭义异体字"之分。但是，异体字作为与分化字、假借字性质完全不同的字际关系，必须坚守上面两个条件，它只能是"狭义异体字"或称"严格异体字"。构形学里将严格异体字分为异写字与异构字，也是为了避开《一异表》异体字概念的混乱。

异构字在各种字体和不同形制的汉字里都是存在的。古文字的异构字更多以选择不同的形象来体现构意而有别，其中很多反映古代的文化生活。例如甲骨文：

 — "雨"有以天为背景表现雨滴的形体，也有直绘雨滴的形体。

 — — — — "渔"的异构现象很复杂，除都有鱼身外，分别绘出水、手、钓、网等形象以表现捕鱼的构意。

金文的异构现象也很多见。例如：

 — "聯"的两个形体分别取以"丝"表示关联和以两耳表示关联，是两种构形构意的思路。

 — "冬"，前者以指事符号指在丝的末端，后者以断丝表示年终。

现代汉字的异构现象以形声字居多，少部分涉及会意字与古文字传承的独体字。可见以下几种情况：

1. 形声字声符不同构成的异构字

如"蚓—螾""嫵—妩""吃—喫""线—线""球—璆""杠—

槱"蘪—麬",声符不同,有些是选择不同,也有些反映了形声造字时代和地域的不同,这些资料都是有考音价值的。上述异体字,"蚓"从"引"(《广韵》余忍切)得声,"螾"从"寅"(《广韵》翼真切)得声。二者不论上古音还是中古音,声音都是相同的,属于声符用字选择不同。而"球"从"求"(《广韵》巨鸠切)得声,"璆"从"翏"(《广韵》力救切)得声,就会有喉音"群"组与舌音"来"组的纠葛,值得注意。《说文》中有一部分重文属于声符不同的异体字,在《说文》学里被称作"声符互换",也是很有价值的材料。

2. 形声字义符不同构成的异构字

在现代汉字中,异构字的形声字因义符不同而造成的占大多数,这是汉字的表意特点决定的。异构字的不同义符有三种情况:

（1）两个义符是近义义符,表达的构意差别不大,因此常常重复构字。例如:

"跡—迹""鷄—雞""狸—貍""玩—貦""竪—豎""堤—隄""睹—覩""耕—畊""咳—欬"等。

（2）两个义符表示字所指事物不同的质地和类别。例如:

"杯—盂""糕—餻""糊—餬""繮—韁""氛—雰"等。

（3）两个义符是针对不同的角度选择的,对于字所指的事物来说,义符表示了它们共存、共现的属性。例如:

"溪—豀""剋—尅""侄—姪""捆—綑""脣—脤""鰾—
髟""蛔—痐""阱—穽"等。

义符不同的异构字,对研究人类的认知心理是很重要的材料。

3.增加义符构成的累增异构字

清代王筠在《说文释例》里提出了"累增字"的问题,他说:"字
有不须偏旁而义已足者,则其偏旁为后人递加也。……其加偏旁
而义仍不异者,是为累增字。"可见增加义符形成的异构字,古已
有之。当时累增义符是为了"古义深曲,加偏旁以表之",也就是
为了识别容易而增加意义信息。王筠说这种累增字有两种情况:
"一则既加偏旁即置古文不用者也,一则既加偏旁而世仍不用,所
行用者反是古文也。"就今天看来,这种累增字只要积淀到同一时
间内共用过,就成为异构字。而这种用累加义符增加意义信息的
方法,也被现代汉字承袭了下来。例如:

"凳—櫈""豆—荳""果—菓""韭—韮"等。

4.形声字声符、义符都不相同构成的异构字

有些形声字的异构字声符、义符都不同,造成这种情况有两
个原因:一个是时代、地域或文体不同,重复造字;另一个是在多
种原因的推动下辗转造字。例如:

"邨—村":前者选择了示源声符"屯",取其"屯聚"的词
源意义,以"邑"表示"聚居地"的类义,造字的时代较早;后
者属于后出的俗字,另选了比较通俗的声符和义符。

"野—埜—壄"：第一个形体以"里"做义符，"予"做声符（野、予均为喻三，鱼韵）造形声字，第二形体以"林"为义符，以"土"（透母，鱼韵）为声符造形声字。第三个形体是前二种的综合。

5.采用不同思路、选择不同构形模式所造的异构字

构形与构意可以从不同的思路考虑问题，也就可以选择不同的构形模式来设计字形。这种异构字虽然也属于造字的重复，但仍可看出表意文字字形繁多的特点。例如：

"躳—躬"——前者以屈曲身躯而从"弓"造示源形声字，后者以躬身与脊梁有关造从"吕"的会意字；

"泪—涙"——前者以眼泪与目的关系而造会意字，后者以眼泪为液体而从"水"造形声字；

"伞—繖"——前者造象形字，取象于撑开的伞，后者以"散"为示源声符，构成形声字。

在对共时汉字认同别异进行整理时，下面三个问题是要特别注意的：

第一，对"字"的概念要加以确认。

什么是一个字？在传统的观念里，记录同一个词的字，就是一个字。这个说法是不够周全的。首先，在探讨汉字构形问题上，仅从职能出发来论定是不是一个字，会影响体系的严密性。前面已经说过，形是汉字的本体，确定两个字是否可以认同，首先要根据

它的本体属性，也就是构形属性来确定。不这样做，在讨论具体问题时，常常会产生以词代字的弊病。比如，我们统计一个文本文件里有多少字，与统计这个文本有多少词，二者的目的并不完全一样。统计字的目的，常常是为了把文本上所用的字转化为字表，以便查检字用量，或对这些字进行信息处理。在这种工作中，两个字结构上的差异是不能忽略的，忽略了，就会丢失信息。

从以上分析可以看出，同一个字样可以说是一个字，同一个字位中的异写字也可以说是一个字。我们可以优选出其中的一个形体作为主形，也就是代表字，其他异写的形体都可以称为主形的变体。但是构形不同的异构字，不能称为一个字，只能称为一个字种中不同的字。

异构字的记词功能虽完全一致，但构形属性不同，便无法认同，它们是不同的字，而不是同一个字的不同形体。它们的差异既然发生在构件、构形模式和构件布局上，推其构意，也必然不相同。所以，异构字在用字上是冗余的，但在分析字意上又各有各的作用，可以从不同角度帮助我们丰富对字所记录的词的本义的认识。

还有一点也必须注意，异构字在汉字构形学也就是描写汉字学里，是指称职能相同的字群的，也就是说，这些字处于平等地位。只有在规定的正字法也就是社会用字规范的领域，才在多个异构字中优选一个作为通行字，也可称作正字。在这种情况下，正字与异构字就形成一种对立关系。但是，由于异构字的构形信息不能丢失，正字以外的其他形体只可以在记词职能上认同，可以在某种场合限制使用，却不宜贸然取消。

第二，在认同异构字时，要知道它们在哪一时期、什么情况下能够认同。

异构字在汉字史上是一个非常复杂的概念。一般说来，如果两个异构字完全是共时的，而且一直是共时的，情形就比较简单；但是异构字在不同的时代常常产生职能分化，也就是说，在历史的长河中，它们能够成为异构字的时间只是在某一个时期。例如：《说文解字》认定"常"与"裳"是重文，原因是它们的声符相同而义符同类，在构字上有通用的例子（《说文解字·巾部》"常"下的"裙"（帬）也有从"巾"从"衣"两形），"常""裳"什么时候属于异构字，目前没有文献可以获得准确信息，但起码是在东周的文献里，它们已经分化为两个字了。也就是说，它们即使曾经是异构字，也只可能在很短的一段时间内。

另外，异构字多半都经过字书的贮存，看起来好像在一个共时平面上，其实并不是完全共时。历史上常有两个字一行一废的现象，其中就包括异构字。例如："熔"与"镕"，"镕"通行的时代早于"熔"，"熔"是后出的手写体字，但"镕"的通行时代也结束得早，起码是在近现代，在书写现代白话文的时代，它已被"熔"取代。因此，从全程看，"熔"的记词职能也就是义项多于"镕"。但我们不能否认在两个字都存在的时候，它们曾经是异构字。我们称这类异构字为局域异构字。

异构字有如此复杂的情况，需要进行各种分析和综合才能确定其关系，笼统地把它们称为同一个字显然是不合事实又不合字理的。

第三，异构字在综合辞书中由于收字并非共时，关系错综、复杂，需要细致分辨。

在理论上，异构字应当是在共时层面上同时使用过的，又应当完全同音、同义，因此，反映在辞书的词条里，它们必须具有完全相同的音项和义项。但是，一些历代字词兼收的大型辞书，例如《辞源》《辞海》等，都是泛时性的，有不同时代的异构字杂处在同一个字头和词条里，造成异体字之间错综复杂的情况。例如前面提到的"熔"与"镕"，在大型辞书里的义项的处理就不完全一样。又如：

> "饷—饟—餉"：《说文·食部》："饟，周人谓饷曰饟。""饷，馈也。"《尔雅·释诂》："饟，馈也。"在《说文》时代，二字应为异构字。"餉"是"饷"的后出字，二字也应为异构字。但"饟"为古字，典籍中有专门使用"饟"的书证。"饷—饟"为异构字的时代在前，"饷—餉"为异构字的时代在后。加之"饷"还有通假字的用法，因此，在大型辞书里，"饷"的义项多于"饟""餉"。

"饷—饟""饷—餉"互为局域异构字，在凭借辞书判定异构字并沟通它们的关系时，要妥善处理这种错综复杂的情况。

第十讲　汉字构形的历时传承关系

　　我们说不同历史时期的汉字具有传承关系,就等于说它们是不同时期、不同构形系统中的同一个字,因此,我们把确定字与字之间的历史传承关系称作汉字的历时认同。

　　证明字与字之间有历史传承关系,需要认同它们的记词职能,也就是说,需要证实它们记录的是否是不同时期的同一个词;但是,汉字构形系统与汉语词汇系统虽有关系却并不在一个轨道上发展,不论是它们的演变还是它们在同一时期的实际状况,都不是一一对应的。所以,在不同历史时期、记录不同词汇系统的所谓"同一个字",在记词职能上并不完全等同。在这一讲里,我们首先要说明历时职能的认同与形体的认同可能会产生矛盾,说明汉字构形演变中音与义变化的多种情况,最后再重点说明形体传承这个主线。在这一讲里,还要涉及不同字体的转写以及字形的隶定问题。

一、汉字构形演变中的职能分合现象

　　汉字是第二性的符号,它是汉语词汇(语素)的"再编码",汉字沿着自己的规律、并在语言发展的推动下演变。总体说来,汉字的无限增多是与书面语言词汇不断增长有直接关系的，也就是说，在有了口语词汇之后需要书面表达，才有了汉字造字的需要。问题在于，语言的发展是汉字增长的动力，却不能决定汉字增长的自身规律。这表现在：并不是语言的每一个词的产生都造字，也不是语言的每一个词增加了一种用法、产生了一个义项，都造一个字。语言发展无须也无法节制，而作为第二性的文字，却需要也可以进行调节。"六书"的后二书"转注""假借"，后人对这两个实际上不能分析实际构形的概念众说纷纭，近代章太炎先生对前人的各种说法做了综合，提出了一个十分辩证的解释："转注者，繁而不杀，恣文字之孳乳者也。假借者，志而如晦，节文字之孳乳者也。二者消息相殊，正负相待，造字者以为繁省大例。"①他的意思是说，文字的发展变化有两种法则：一种是由于社会发展和人类认识的发展，需要创造新词来表达新的词义，也就需要循新词的音义，各为制字，这就是"转注"造字的法则。但是由于文字孳乳日繁，字数无限增多会超过人类记忆力所能承担的负荷，所以必须加以节制。新的词义产生了，可以利用旧有的词和字而赋予新的词义，不再制造新字，这就是"假借"的法则。这种认识实际上说明，文字的发展虽然追随词汇，但它也有自己的调节规律，并不完全与语言一致。这种情况有多重表现，这里先讨论早期汉字字用分合的现象。

字用分合是指这种现象：早期文字不够用的时候，一个字兼记两个词，这其实就是一般所说的"本无其字的假借"；而发展到一定的阶段，两词共用一字易生混淆的情况日渐增多，于是产生原来

---

① 章炳麟:《国故论衡·转注假借说》，商务印书馆2010年版，第60页。

合并的字再行分开,而且多半是利用了同一字位中不同的字样也就是异写字来分配不同的语素。例如:

　　♦ 和 ♦ 在甲骨文里本来属于一个字位,相当于后来的"史""吏""事"三个字,在字用上没有明确分工。金文演变为 ♦ ♦ ♦ 三个异写字,仍无明确的字用分工。在《说文》小篆里,呈以下分工局面:

　　《一部》:"吏,治人者也。"

　　《史部》:"史,记事者也,从又持中。中,正也。"

　　《史部》:"事,职也,从史,之省声。"

　　这说明,周代典籍里,三字同用不分工的格局已经打破,三个同一字位的异写字不但明确分化成三个字位,而且属于三个字种。如果在甲骨文、金文与小篆之间仅仅从字形来认同任何一个字样,即使写法完全相同,意义都是不对应的。

　　甲骨文的 ♦ 、♦ (凤)是画一个凤凰的形状,再加一个"凡"字示音, ♦ 不加"凡"。在卜辞里,"風"未专门造字,一般并用"鳳"或"凡"为之。战国秦、楚文字中已经有了从"虫"的"風"字。《说文》解释从"虫"之意说:"風动虫生,故虫八日而化。""風"的本字产生后,一字兼二用的格局发生了变化,甲骨文与小篆同样是一个"凤"字,职能不同了,已经不能仅仅从字形上去认同。

　　在《说文》小篆里,可以看到另一种字用分合现象:

　　许慎把 互 列为 筶 的重文（《竹部》）。王筠《说文释例》说："互字象形，当是古文，而说曰'筶或省'，倒置矣。筶加竹，非互省竹也。"不论哪一种写法在前，两个异构字曾经是一个字种，都是古代收绳的一种工具，因为使用时两手交互，而发展为"交互"字。两字有了明确的分工。

　　许慎把 瀳 作为 冰 的重文（《仌部》），解释说："冰，水坚也。从仌，从水。凝，俗冰从疑。"徐铉说："今作笔陵切，以为冰冻之冰。"段玉裁注："以冰代仌，乃别制凝字。经典凡凝字皆冰之变也。"可知"冰"与"凝"本为同一字种的异构字，既可用作名词，又可用作动词有"结冰"义，例如《礼记·月令》："（孟冬之月）水始冰，地始冻。"后两字分工明确，"凝"用作"结冰""凝结"义，"冰"为"仌"的后出字，仅做名词或"冰冻"义。因此，《说文》小篆的"冰"与后世的"冰"在职能上不能简单认同。

　　许慎在《说文》"畫"字下列了两个古文重文 畵 与 劃，解释说："画，界也。象田四界，聿所以画之。畵，古文画省。劃亦古文画。"可知"画"的本义是界画，"劃"本为"畵"（畫）的累增字，二字为同一字种的异构字。后世"畫"在"界画"义之外，还可用作"图画""绘画"义，与"劃"已有分工。

　　以上现象，都符合章太炎先生所说的转注、假借"二者消息相殊，正负相待，造字者以为繁省大例"的原则。

　　必须说明的是，这里所说的假借，与文献中的"通假"本质上不是一类现象。通假是在造字之后使用过程中临时应用的现象，是在口语与书面语互相转化过程中采用音化字的用字现象，汉字构形学里暂不讨论。

二、汉字构形演变中的同源分化现象

如果后代汉字都是由前代汉字一对一地直接下传使用，汉字构形的历时认同关系就会简单得多，而实际上，随着汉语词汇的发展，汉字在源字基础上孳乳出新字的情况相当普遍。例如：

景—影

《说文》："景，光也。从日，京声。"段玉裁注："光所在处，物皆有阴。……后人名阳曰光，名光中之阴曰影，别制一字，异义异音。""景"原为光照出的物象，光线照射的正面和反面通称"景"。后分化出"影"，将义域切割为二：光照的正面为"景"，背面为"影"。

迎—逆

甲骨文 �、金文 𨑩 对应后世迎、逆两义。罗振玉《增订殷虚书契考释》：以为甲骨文此字"象人自外入，而辵以迎之，或省彳，或省止"。至小篆分化为两字 𧺴 和 𨑩，《说文》："逆，迎也。从辵，屰声。关东曰逆，关西曰迎。"《方言》："逆，迎也。自关而东曰逆。"可见"迎"与"逆"本为意义相同、方音不同的同一个词，两字属于方言字分化。两人相对而行，先相向，相遇后再行则相背，本为同一过程，二者分化后，将相对而行的义域切割为二："迎"为相向而行，"逆"为相背而行。

坐—座

"坐"最早既表示坐的姿势、动作（动词），又表示坐的地方、位置（名词）。后分化出"座"，将职能切割为二：坐的姿势、动作为"坐"，坐的地方、位置为"座"。

支—枝—肢—翅

人的四肢称作"肢"，鸟翅膀称作"翅"，树木条枚称作"枝"，均取意于从主干歧分而出之意，是保留了上位词"支"而产生的下位分化，同时也造出了相应的三个义音合成字。

词的意义是不断增加的，通过联想，引申出新的义项，产生多义词。多义词的义项如果产生新形——也就是为某些义项造了新字，新旧的字形将多义词的义项进行再分配。

施受分化。如："受"分化出"授"；又如："买""卖"分形。

名动分化。如："鱼"分化出"渔"；又如："断""段"分形。

名形分化。如："人"分化出"仁"（名—形）；"疏"分化出"梳"（形—名）。

主动与使动分化。如："见"分化出"现"；又如："示""视"分形。

这些分化造成了未分化时的古文字与分化后的文字形虽相同，意义职能已经不一样。例如：

"受"在甲金文里兼有授受二义，而在后世文字里只承担"接受"之义，二者认同的只是形体而已。

三、汉字构形演变中的不同字体转写现象

这里只举草书楷化例。

草书属于速写变异字体，这种字体形成的原因是速写。为了书写的快速和便捷，草书书写的要领是缩短笔程，速写变异字体与主流正体字是同时通行的，相互的影响非常直接。行草对楷书笔画形成的影响十分显著，对楷书结构的影响也是较大的。楷书手写字中有不少字是草书楷化形成的。例如：

"承"——在甲骨文里，意为"拯救"的字作 ，像两只手将落入陷阱的人拉出的形状。楷书按其字形写作"丞"。"丞"发展为官名后，"拯救"一词的写法加"扌"作"拯"，引申有"承担""承受"义，引义分化出另一个字作"承"。"承"的形成必须通过草书："拯"为左右结构，"承"为上下结构""，因"丞"草书 与"手"草书 的书写推动，上下插入并合，产生"承"。

简化汉字中，"书""为""专""长""写"等字都是从手写字中选出的草书楷化字。

大量所谓俗字的产生和黏合零合成字的产生与草书楷化直接相关，一部分丧失理据的记号构件的产生也与此有关，这是汉字自然传承中不可不注意的问题。

四、汉字构形演变中的形体传承与变异

我们把汉字发展过程中职能方面的变化情况弄清后，就可以仅就形体的传承来讨论构形的历时演变了。由后世的字形沿着传承关系认同追溯之前的构形以了解其更早的构意，称作**复形**，复形也是寻求词汇本义必要的手段。汉字构形的传承与变异大约有以下三种情况，也就是说，符合以下三种情况，我们可以认同它们的传承关系。

1.直接继承

汉字经过发展，因为总的形制变化，因字体不同产生笔法不同。但构形全同，由于构形属性没有发生变化，构意的解释当然也不会发生变化，全然可以断定是同一个字。在古文字阶段，甲骨文、两周金文与小篆的发展具有一定的连续性，都有一些形体具有直接传承的关系。例如：

鼓：𪔂（甲骨文）—𪔃（金文）—𪔣（《说文》籀文）—𪔐（小篆）

馬：𢒠（甲骨文）—𢒡（金文）—𢒬（小篆）

囷：𡇩（金文）—𡇪（小篆）

𡈼（甲骨文）—𡈽（《说文》籀文）

壺：𡔝（甲骨文）—𡔞（金文）—𡔟（小篆）

见：（甲骨文）—（金文）—（小篆）

2. 变异传承

汉字经过发展，结构要素、结构模式和结构层次与分布都没有发生变化，只是基础构件或一部分构字能度较大的复合构件的样式发生了变化，笼统地直观看来不像同一个字，但只要通过构形分析，将基础构件认同，很容易分析出它们的形体传承关系。这类传承我们称作形体变异传承，简称变异传承。变异传承最值得注意的是一部分后来变成结构部首的汉字。例如：

启——甲骨文从“又”作，金文已经有从“又”从“攴”两形，小篆承袭金文从“攴”，楷书“攴”样式改成“攵”（反文）作“啓”。

政——甲骨文、金文都从“攴”，小篆也承袭从“攴”，楷书改“攵”。

以“啓”“政”为例，小篆形成《攴部》，楷书绝大部分改成“攵”。基础部件样式改变，个别结构做了不影响构意的位置调整，例如：“啓—啟”，构形属性与构意都没有变化。以小篆和楷书来说，“—ナ”“—廾”“—青”“—曲”“—西”……以甲骨文、金文与小篆、楷书来说，甲骨文中一部分俯视的小篆形讹为，楷书从之……这些都属于变异传承。

3.理据重构

理据重构并不是另外造字,而是在字形传承的过程中,由于语言意义的变化、文化因素的变化、字体风格的变化、书写习惯的变化等多种因素,使构形与构意的结合脱离了原来的状态,前面说过,作为表意文字的汉字培养了使用者对意义信息的追求,人们在理据不够清晰的情况下寻求新的理据解释,而这种新的解释有时又会带动构形的进一步变化。所以,重构也是一种演变,只要这种演变对新一代的汉字构形系统是符合的,重构字在新的构形系统里可以找到自己的位置,在理论上都不应当以"讹变"来称谓。例如:

甲骨文的"射"作 ,以箭在弓上明"射"义,金文的"射"加上一只手,更强调动作,作 ,到小篆时,弓变成了"身"字,箭义化为"矢"作 ,另一形体保留了那只手,由于射为"六艺"之一,含有一定的法度规矩,故改为"寸"作 。这两个形体都有明显的传承痕迹,它们变化的原因是为了适应新的系统:在《说文》小篆里,"弓"已经成为表义与示音两种功能的基础构件,以其表义功能构成"引""發""弦""弧""张""弛""弩""弢""弹""弯"等字,以其兼有示源功能的示音功能构成"躬""穹""弘"等字,而"射"的表形构件在这一形声系统中已经没有存在的位置。从构形系统的角度,它的模式重组是合理的。

"黹"在金文里作 ,像用针线将织物缝在一起,是一个很形象的会形合成字。小篆作 ,《说文》:"黹,箴缕所紩衣。从㡀,丵省。"徐锴、王筠均以为是针紩、刺绣的形状。《说文系传》："黹，象刺文也。"《说文句读》："黹字之形，当以刺绣为专义。"李孝定《甲骨文字集释》："契文、金文黹字，正象所刺图案之形。"其实，"黹"的小篆形体只要把中间的曲线拉平，完全可以看出古文字会形合成字样的延续。但如此细致的象形构造，不符合小篆的风格体制。在构意上，黹成为黹的反义，《说文》："㡀，败衣也。从巾，象衣败之形。"黹的上半部又与"丵"的上半部吻合。《说文》："丵，丛生草也。象丵岳相并出也。"针脚与丛草的密集类似，根据《说文》将象形的非字构件义化为成字的潜规则，黹的构形在演变中重构为会义合成字，构意以"㡀"为背景，认为是以针缝衣，而不说刺绣，更为符合古文字的形象，编排放到《㡀部》之后也很贴切。所从之字均与刺绣有关，恐怕是引申之义了。这样处理，已将它的重构与重释合理化。

甲骨文的"盡"（尽）作 ▨，从皿从手持涤器，像食毕洗涤器皿的形状。金文 ▨ 承袭之。

在汉字的历时认同中，有些溯源的证据链很完整，如下面左图，也有些证据链并不完整，如下面右图。

舞					折					
眉					集					
星					采					
旦					春					
共					兼					
					發（发）					

　　历时认同对古文字考据非常重要,很多古文字就是靠着认同后的证据链考证出来的。当楷书笔势化失去理据以后,也要靠着历时认同找到更早的字形来使构意显现。所以,历时认同是古文字考据的基本功,也是现代文字溯源的基本功。这种认同复形的工作既要考虑文字的职能,又要符合构形的规律;既要联系字位中的各个字样,又要考虑字种中的不同字位;文字在古代典籍中的实际应用更不可忽略。一旦发生错误的认同,也就会产生考据的失实和讲解的失当。这是一件复杂而有难度的工作。掌握材料和把握规则都是必须做到的。

第十一讲　汉字构形系统及汉字的整理与规范

　　表意文字所遇到的最难解决的问题，是随着词的不断丰富、意义不断增多，字形便会无限增加，致使符形量超过人有限的记忆能力。为了解决这个问题，汉字必须在对构件进行规整的前提下，形成一个尽量趋于严密的构形系统。这个构形系统是否存在？现代系统论的提出与发展，为汉字构形系统的证实和描写提供了理论依据。根据系统论的原理，汉字作为一种信息载体，一种被社会创建又被社会共同使用的符号，在构形上必然是以系统的形式存在的。在共时历史层面上的汉字总体，应当有自己的构形元素，这些元素应当有自己的组合层次与组合模式，因而，汉字的个体字符既不是孤立的，也不是散乱的，而是互相关联的、内部呈有序性的符号系统。个体字符的考据只有在整个系统中找到它应有的位置，才能被认为是可信的和合理的。仅仅探讨汉字个体字符的形体变化不能称作汉字史。只有在弄清个体字符形体变化的基础上，考察出汉字构形系统的总体演变规律，并且对这种演变的内在的和外在的原因做出符合历史的解释，才能称为汉字史。汉字构形学最终的目标，应当是为共时层面上汉字构形系统的描写提供可操作的方法，并对历时层面上汉字构形系统的比较提供合理的参数，以便构建科学的汉字史。

一、汉字构形系统在历史上的形成

殷、周甲骨文、金文的汉字，有相当大量的字符处在象形文字的阶段，不论是零合成的独体象形字，还是会形合成的合体象形字，都以象物性作为表义的手段。这些字符图画性很强，因而个体性很强，字与字之间关系松散，难以形成严密的系统。汉字发展到小篆，构形产生了一个飞跃，一批兼有音和义的成字构件逐步形成，作为构形的基础。汉字有了这批构件，便有条件把甲骨文的多形符象形字改造为多义符拼合的会意字，并且产生了一大批义符和声符相互制约的形声字。凡同义的字，用声符别词，如"根""枝""条""标"……都是树的部位，都从"木"，用声符来提示它们记录哪个词而区别。"玩""完""冠""顽"……都从"元"声，用义符来将它们分类而区别。这种形声字，大约占汉字总数的87%以上，成为汉字的主体。同时，汉字的义符表义功能和声符的示音示源功能又都得到了进一步规整，这样，汉字便形成了以形声系统为中心的构形体系，由于采用了基础构件拼合或递加生成的方法来增加新的字形，因此，不论字数如何增加，基础构件的数目都能保持稳定，只在四百多个上下浮动。而且，就构字功能说，构字量较大的基础构件只占48%左右，人的记忆负荷是完全可以承受的。

形声系统形成后，汉字的表意方式发生了质的变化，人们对字符的认识不再是与物象直接联系的，也就是说，不需要从字形中直接辨识出物象来，而是凭借形音义已经结合了的基础构件来概括表意。例如："心"，早已不像心脏的样子；"氵"，也已没有水纹的痕迹。但"心"形与"心脏"义，"氵"形与"水流"义，都已形成固定的联系，"心"部字与"水"部字的意义都可以由此辨识了。

二、基础构形元素在优化原则下的整理

汉字构形系统确实是存在的，问题在于如何将它描写出来。描写系统的先行工作是整理元素，产生一个从实际中归纳出来的**基本元素集**。

基础元素也就是前面所说的基础构件。在汉字构形系统中，必然会有一个基础构件的集合，成为构成整个字符集的最小也是最基本的构件集。我们把汉字进行拆分，拆到不能再拆的最小单元，这些最小单元就是汉字的基础构形元素，我们称之为形素。汉字是在社会上流传使用的，不论是历史汉字还是现行汉字，都会产生一些纷繁的写法，这些纷繁的写法如不规整，很难看出系统性。规整，指的是把异写形素、异写构件、异写字经过认同归纳到一起，选择一个优化的形体作为标准体，也就是择出一个形体作为其他异写体的信息代码。归纳这些不同层次的异写符号最简便、合理的办法，是首先从基础构件也就是形素着手。自然书写的汉字形素，有些差异与区别构意无关。将写法微殊、来源相同、构意相同的形素归纳到一起，称作一个形位。选择一个有代表性的形素作为这组形位的信息代码，用以指称这组形位，称作形位主形，同形位的其他形素均称为其变体。以下面"兼"字为例：

（1）兼 燕 燕 燕 燕 蒹 蒹 羮 棘

（2）傔

（3）鶼 鶼 鶼

（4）鎌

（5）嫌

（6）賺

（7）謙 謙 謙 謙 謙 謙

（8）廉 廉

（9）縑 縑

（10）歉 歉 歉

（11）慊 慊 慊

……

　　"兼"在楷书里是一个黏合的零合成字,已经不能再行拆分,因此也就成为一个成字形素。(1)是它独用的情况,(2)—(11)都是由它组成的字。可以看出,它的书写状况是纷繁的。这些纷繁的写法都局限在"兼"这个字样里,没有构意上的差异,我们选取"兼"(每行第一个字的样式)作为它的信息代码,其他可以认同的字样列为"兼"的变体,在个人书写层面上,可以写任何只要人们能够识别、能够与"兼"认同的字样,在规范的文本里、计算机字库里,则一律换为"兼",这就完成了形位的归纳。我们把优选出来的形体称作主形,从规范的角度说,也就是标准字样。由于"兼"的主形的确定,从"兼"之字的主形字也就随之确定了。

　　下面讨论非字形位,以楷书的"田"为例。"田"是一个多构意的同形形体,它在"畴""亩""畺""界""畸""甸""畿"等字中具有示音、表义、表形的作用，有确定的读音，是一个成字的基础构件。但在下列楷书字中，都只有象征表形的作用，没有读音，属于非字的基础构件：

“果”，小篆作 ，上方的“田”象征果实。

“番”，小篆作 ，下部的“田”象征兽足。

“福”，小篆作 ，右边底部的“田”象征丰满的粮食囤。

“巢”，小篆作 ，中间的“田”是小篆“白”形楷化，象征鸟窝。

“畢”，小篆作 ，上方的“田”象征捕鸟的网。

“畏”，小篆作 ，上方的“田”是小篆“鬼”上部的楷化，象征鬼头。

……

楷书的这些“田”形构件，都是与“田地”字不同的非字构件，它们象征不同的事物，但是这些事物的共同特点都是圆形的、内中实满的物件。我们可以因此把它们归纳为一个非字形位。

在同一历史层面上的汉字经过规整后被归纳的形素群体，也就是形位，与形素是不同的。形素是一个个具体的构形基础元素，形位则是同一共时构形系统中异写的基础构件归纳的结果。将全部形位归纳起来，才可见到构形系统的基础元素整体。以形素的归纳为基础，可以使汉字的纷纭杂乱状态在各个层次上得到整理，现出清晰、整齐的总体状态。

在形位里，主形的择定是十分重要的，主形择定的标准应当有以下几条：

　　第一，它应当是经过社会使用，已经被多数人认可的形体。也就是说，它的使用频度应当比较高。这里指的使用频度，包括两个意思：一是单用时人们更习惯用这个字样，二是构字时人们更习惯用这个字样做构件。

　　第二，它应当符合汉字构形历史发展的脉络和规律。这一点与上一点有直接关系，汉字形体发展受两方面条件的制约：首先是与人们的书写习惯相关，这是很重要的社会条件；其次也是汉字构形内部规律的限制，以"兼"字为例：在篆体中，"兼"由两个"禾"、一个"又（手）"三个构件交合，交合状态与构意有关，楷书将两个"禾"并合在一起。这种简化方式很多见，例如，"曹"并合上方的两个"東"，"普"并合上方的两个"立"，"晋"并合上方的两个"至"，"廾"并合"収"的两个反向的"又（手）"，"卄"并合"艸"的两个"中"……这种并合是符合楷化规律的，因而顺势而成。上下分形与左右分体的字样，反而不合规律，因而也就不被多数人采纳。

　　第三，它应当显示或接近理据，便于直接识别分析，或便于追溯本源后识别分析，这对汉字教育是有益的。但这个条件与上述两个条件相比，不是绝对的，汉字在楷书阶段有丧失理据的情况，有时出现记号构件，很多是发展的自然现象，加之很多溯源的考证未必精确，所以，尊重自然发展规律是更为重要的。

　　第四，如果有较多的形体可供选择，应尽量采用简繁适度的构形。汉字的识别需要信息丰富，不避复杂；而书写则需要形体简单。这是一对经常出现的矛盾，选择简繁适度又保存了更多构意的构形，在识别和书写方面取得相对的平衡，对汉字的优化有诸多好处。

　　以上四点——通用性、传承性、理据性、适度简约性，是形位主形优选的条件,以一、二两点为必要条件;三、四两点为辅助条件。

汉字形位经过整理后,体现构形与构意的基本元素呈现规范状态,构形系统的描写是由此起步的。

汉字是由一批具有构字能量并能体现构意的最小元素为基础组合而成的。经过实际测查和不完全统计可以看出,在每个历史层面上,成字形位的数量都大致在270—400个左右,它们分别或完全具有示音、表义、表形三种功能。例如"示(礻)",有示音(构成"视"等字时)、表义(构成"礼""福"等字时)功能,"日"有示音(构成"昵"等字时)、表义(构成"晴""明"等字时)、表形(构成"旦""莫"等字时)等功能。这样就使这270—400左右个形位,具有了双重甚至三倍的构字能量。非字形位数量较少,它们仅仅具有表形或标示功能。具有表形功能的非字构件在楷书里多半是古文字的遗存,属于象征表形,带有个体性,构字量很少;具有标示作用的非字形位多半是单笔构件,数量非常有限。成字与非字形位加在一起,就是构形系统具有的基础元素。

三、字料搜集、整理与优化

要想验证各个历史层面上的汉字是否以系统的形式存在,必须搜集共时的字料,并且对这些字料加以整理。

搜集字料可以从两类材料中选择:一类是采用某一时代编纂的字书中已经搜集的字再加以整理;另一类是从某个历史时期用汉字书写的一定量的文献材料中去穷尽地撷取字料。

第一类材料有两种情况:

第一种,历代字书字典。这些字书收字越来越多,使用比较广泛的有:

《字林》	晋吕忱	12824
《玉篇》	梁顾野王	22726
《龙龛手鉴》	辽释行均	26430
《类篇》	宋司马光等	31319
《字汇》	明梅膺祚等	33179
《康熙字典》	清张玉书等	47035
《汉语大字典》	今人徐中舒等	56000

这些字书、字典的目的最主要是为了读书时查检,所以多收集编纂之功,少概括整理之力,以收字多而全为宗旨,往往转相抄录,在储存过程中又产生了不少新的错讹。加之其中字料选出多个时代,《汉语大字典》还收录了大量古文字隶定字并附有古文字原形;所以既非共时,也不是同一形制,在提供查检上是有成就的;但难以见到构形系统之端倪,是不宜进行构形系统描写的。

第二种,许慎的《说文解字》。这部书是许慎在秦代规范小篆的基础上,以五经用字和词义为收集范围,在所见文字中优选字形,加以篆化,解释构意,确立部首,建构关系,体现了很明确的构形系统思想,可以作为构形系统描写的一个典型的案例来对待,构建出小篆构形系统,并从中吸取系统描写的经验。

第二类材料有三种情况:

第一种,民间书写文本中的汉字。这些文本的书写者是一般的民众或古代居于下层的小吏,文本的内容社会意义较小,流传范围不大。例如个人书信、账目、便笺、日记、契约、底层的非发布的公文，以及不拟流传社会只为个人保存的典籍钞本等等。

第二种，社会通行文本中的汉字。这些文本或是官方的正式文告，或是流传于社会的典籍钞本，或是名人书写的诗文。雕版与活字印刷发展起来后，刻印文本所用的汉字也属此类。

第三种，权威规范汉字。历代官方运用政治权力、通过教育与考试制度规定在某些场合必须使用的汉字，或者经书法家写于碑匾、形成字书以为示范的汉字，例如汉代《熹平石经》所收的经典用字，唐代《干禄字书》《九经字样》等供科举采用的正、通、俗字等。

这三种材料，第一种现存的多为手写，随意性较强，社会意义不大，它们的研究价值在于探讨汉字文化的现实，而不适合作为描写构形系统的原材料。第三种虽经规范，但收字范围过小，官方意图过盛，难以看到汉字自然发展的趋势，作为描写构形系统的原材料也有局限。唯有第二种材料，是遵循约定俗成的规律自然发展的，这些已经存在在语言环境中的汉字，不但有多种字形可以收集，而且有多种字用可资参考，是可以代表汉字自然发展状态的。这些字符群随着社会种种因素的变化，自发进行着内部元素与内部关系的建构。它们是杂乱无章的，还是也以系统的形式存在呢？

为了解决这个问题，实验构形系统的描写，首先要对文本中的汉字加以整理，也就是进行三种性质不同的归纳：

（1）字样的归纳

这项工作的关键是去掉重复和统计字频。这是将一切文本形式的汉字改变为字符集形式第一步要做的工作。在第九讲，已经对字样归纳的原理做了说明，同一字样组成的构件写法相同，构件的相互位置一样, 只需取其中的一个清晰而工整的实用字样作为代表, 并统计它在所选文本中出现的频率, 作为字位整理的基础。

（2）字位的归纳

这项工作也就是对结构记词职能相同、书写略有变化的同构异写字进行认同, 将其合并为一个字位, 优选其中的一个作为**字位代表字**, 其余都可看成**字位变体**。归纳的原则已经在第九讲说明, 这里需要说明优选主形的原则。前面说及选择形位主形的四个条件——通用性、传承性、理据性、适度简约性, 选择字位代表字, 首先要考虑基础构件与形位代表字的一致性, 而形位代表字的选择, 又要考虑字位基础构件的条件, 所以二者的选择是彼此协调的, 上述四点, 也同样适合于选择字位代表字的条件。

（3）字种的归纳

这项工作也就是对职能相同、记录同一个词、但结构不同的异构字加以认同, 归纳为一个字种, 选择其中的一个字位作为正字, 其余可称作异体字。异构字的构形和构意彼此有差异, 它们仅仅是职能的相同, 所以, 这些字不属于一个字, 而是职能相同的不同的字。从字符集内部关系的角度, 它们平等地互为异构字, 从构形系统整理的角度, 正字之外的异构字, 称为异体字。正字是从字位代表字中选择的, 已经是符合上述四条优选标准, 它的确立更重要的在于彼此关系的构建, 符合系统的原则, 更为重要。

通过以上处理, 使书写各异、使用汉字纷乱的文本, 趋于整齐, 建立了相邻字形和同类字形的正常关系, 找到了每一个个体在整个构形系统中的位置。这就是经过人为处理使汉字构形系统形成并显现的过程, 其实也就是汉字科学规范的过程。

总之, 汉字是一种可以人为调整的信息符号, 但它的社会约定性又不能违背。所以，汉字构形系统只能描写，不能违背社会的约定性和符号结构内部的自身规律而一意孤行。《说文解字》的成功之处就在于它既尊重了小篆结构和使用的事实，又正确把握了汉字构形的内部规律，许慎是求实的，又是科学的。

《汉语大字典》共收五万六千多个字，但仍然没有收全。字典中的这么多字是历史上的各种汉字的积存，这中间有相当多的是古代的死字，作为一种文化遗存，它们是研究古代文化的重要资料，但在今天的社会交际中是没有使用价值的。

经过整理后，汉字的实际使用数量大致有多少？整理以后的情况如何？我们举出按照上面整理过的楷书实用字符集的字数来了解其大概：

明代碑刻（兼及少部分手写文本）楷书54万字，整理出6023个字位（其中被归纳的字位变体6053个）。①

宋版雕刻印刷书中汉字200 471字，整理出字位4856个，其中字位变体的情况如下：

表7　字位变体数据表②

变体数	17	14	12	11	10	9	8	7	6	5	4	3	2	1
字位数	2	2	2	2	4	9	13	15	34	59	82	210	432	1062

雕版印刷书籍难见，数量偏少，可做一则补充：台湾元智大学罗凤珠教授从18 401首宋诗的1 060 696字中整理出的单字字位

---

① 数据来自石勇《明代碑刻及手写实用材料文字研究》博士学位论文的统计。

② 数据来自王立军《宋代雕版印刷楷书构形系统研究》（上海教育出版社2003年版）变体统计的表，上栏是所含变体数，下栏是含有变体的字位数。例如：有2个字位含有变体17个，1062个字位只含有1个变体。

是4520个，与王立军从雕版印刷中整理出的字位二者合并去重共5100字位。

从这些统计中可以看出汉字在实用领域里使用的大致数量，也可看出在实用领域里字形结构纷繁复杂的情况以及整理后变为字符集的情况。

四、汉字构形关系的有序性

仅仅有一批基础元素还不能保证构形的系统性，更重要的是列入构形系统的成员关系的有序性。这种有序性主要是在合理的组合中实现的。

汉字由这批形位组构而成，近、现代汉字绝大部分是依层次组合，少部分是依平面组合。这些组合依"结构-功能"分析，都有一定的结构模式。在层次组合中，字义是一层层生成的。在平面组合中，字义是一次性集合而成的。正因为如此，汉字才能由少量的形位，造成构形和构意各异的成千上万个单字。这些单字凡是其中具有共同的元素，或既具有共同的元素又采用同一模式的字，彼此都会发生一定的关系，这就使每个汉字的构形，可以纳入到一个网络中去。例如：

"骤"：

在义类上与从"马"又表示马行走状态之字归入一个子系统："骉"（马疾步）、"驱"（马驰）、"驰"（大驱）、"骜"（乱驰）……

在声类上与从"聚"、从"取"的字归入另一个子系统。

在同源系统中与"趋"（清组，侯韵）、"趣"（清组，侯韵）、"匆"（清组，东韵）、"促、数"（清组，屋韵）……归入一个子系统。

三个子系统中又有交叉重叠。可以说，这些互有关系的字在类聚时和分析结构时彼此都是互为背景、互有参照价值的。

层次结构是汉字进入构形系统的最优越的条件，在层次结构里，形位的介入是有序的，汉字生成的关系也是有序的。在层次结构中，可以看到从基础构件也就是形位到成字过程中构意转换的不同情况：

第一种，形位功能始终传递。例如："照"历经"召—昭—照"，"刀"的示音功能始终传递；"鸿"历经"江—鸿"，"工"的示音功能始终传递。

第二种，形位功能中途介入。例如："灏"，历经"景—颢—灏"，"颢"的示音功能在第二层介入，"景""页"的功能也就在第二层转换了；"從"，"人＋人"＋"彳＋止"，"从"的示音功能、"辵"的表义功能，都是在第二层介入的，"人""彳""止"的功能也就在这一层转换了。

第三种，形位功能不断转换。例如"普"，"大＋一"成"立"。两"立"相合为"並"，"並＋日"生成"普"。"大、一"的功能转换为"並"，"並"的功能在与"日"结合后转化为"普"。

不论是哪种情况，每一层次都有一个新的构形元素产生，使形位的构形构意作用得到充分的扩展，也使构形关系的有序性得到最大限度的发挥。我们把全部形位集合看作构字的储备材料，而把已经进入构字、体现了自身功能的形位及形位的组合称作构件。可以看出,在每一级组合中,随着构件中的形位数不断的增加,结构都发生着质的变化。举小篆为例:

① 𢏁"支"的小篆是"又"和半个竹(⺮)字的组合,半个"竹"字有形而无音、义。但它却在组合后造就了与"又"完全不同的形与义。

② 𧠅"视(视)"的小篆先由"目"和"儿"组合为"見",然后再加"示"标示它的声音。"見"与"视"在古汉语里声音与意义都是不同的,"视"是"看","見"是"视"的完成体"看見","示"的加入,造成了一个记录新词的新字。

③ 居"居"的三个形位声音都与"居"音无关。但是在第一层次"十"与"口"组合成"古"时,却具有了示音的机制。

④ 𦋺"羅"的第一层次结构成"維",没有示音机制,再加上"网",也没有示音机制,但新的音义却在这三个形位两层次的组合中形成了。

这说明,汉字的结构层次是有序的,改变结构次序也就改变了这个汉字。有序的层次是汉字构形呈现系统性的重要原因。

前面说过,在诸多构形模式中,示音构件的介入使汉字结构进入最优化的状态。小篆以后的汉字,在构形的模式上已经变成以形声为主,义音合成字占到90%以上,剩下的几种构形模式,基本上都是这些形声字的构件,完全可以系联到形声系统中去。因此,我们可以把上述的关系网络描写为一个字表。这个字表以表义、表形形位为一个维度,将义近形位归纳在一起,以示音形位为第二个维度,将音近形位类聚在一起,采取有层次的排列。从这个字表里可以显示汉字总体构形的有序状态,也可以显示汉字的单字之间的相互关系。这就是汉字构形系统的总体表现。

汉字的构形是成系统的,这个系统是否严密,要从以下几个方面观察:第一,形位数量与总字数的比例,比例越低,形位的组构能量越大,汉字的构形系统越严密。这也就告诉我们,在汉字进行规范时,尽量不要胡乱增加形位。第二,构形模式越单纯,汉字的构形系统越严密。甲骨文有十种构形模式,到小篆时,演变为"六书"的前"四书",基本已经定型了。第三,越是层次结构占主导地位,系统越呈网络状,也就越严密,平面结构体现个性比较突出,很难进入网络,越多越不利于系统的严密性。第四,异写字与异构字的比例越小,规整程度越高,构形系统越严密。

根据这四个定律,我们从一系列统计数据中,可以得出以下结论:第一,汉字的构形系统大致形成,约从东周开始,系统的严密化是逐步完成的。第二,汉字从个人书写的随意性、自发性,经过长期的全社会使用,进入社会通行的层面,系统化的程度越来越高,但仍不能达到比较完善的地步,只有经过权威规范,而且是符合汉字构形规律的规范以后,才能使系统达到严密化。第三,义音合成模式(传统的形声字)是表意汉字维持自身严密系统的最优化的构形模式,汉字停留在形声系统不再发生质变,是符合规律的。第四,依照汉字构形规律,尽量优选一批通行的字形,增强构意的明晰度,整理纷乱又不合理的异写字与异构字,减少形位的数量,这是汉字规范必须进行的工作。

第十二讲　汉字构形规律与汉字教学

　　汉字构形学是一门应用很广泛的学科,在普及方面,它首先是应用在各层次的汉字教育上。汉字教育是否需要科学化? 解决这一问题,首先需要提高汉字教学的思想境界。

　　汉字教育的重要是因为汉字本身的重要。汉字是超越时空传递语言信息的符号系统,在一切信息载体中,它具有无可取代的作用。汉字与汉语的书面语不可分割,它是记录现象、转写知识的工具。未经转写的知识,无法多次、多人进行加工,更无法进行创造性思维,社会的进步就会迟缓。汉字是具有民族形式的、适合汉语的书写系统,它自身也是一种文化事象,使全民了解和正确使用汉字,是提高民族文化素养的奠基性工程。进入信息社会以后,汉字进一步与计算机网络技术结合,成为国内国际信息传播的载体。汉字的重要性更加凸显,汉字教学的质量也就变得十分重要。

　　小学一二年级是儿童接触书面语的开端,从此以后,学生要从阅读中来积累词汇,提高运用母语书面语的能力,并逐渐跨越到自主的写作。语文教学必须是以提高书面语读写能力为主。口才再好,没有形成书面语,思考难以成熟、完整,优秀的理论论著、文学创作无法产生,任何大规模科学的延续性研究也无法实现。孩子们将来不论从事什么职业,母语的运用能力将由此起步。识别和运用汉字的能力将决定他今后一切学习的速度和质量。全民汉字素养的提高，主要依赖小学识字教学这个开端。

下面我们从三个方面讲解汉字构形学在识字教学中的应用。

一、根据汉字属性确定初期积累字的字表

1.充分认识突破零的重要意义

开端意味着突破零。做任何事，突破零是最难的，小学一二年级语文教学面临的任务正是要帮助学生突破零。由于很多孩子在上小学之前已经认识了不少字，所以，小学老师们缺乏突破零的意识。这是一种误区。不论孩子在学前阶段学了多少字，就正规的系统学习而言，都应当看作是零起点——识字的零起点，书面语阅读的零起点，词汇积累的零起点。因为，汉字教学不是仅仅以认识字为目的，更重要的是要通过教学过程让学生产生对表意汉字构造特点和使用规则的感受，这种感受是非常重要的——一方面，科学的教学程序和合理的方法会在不知不觉之中养成孩子们良好的学习习惯；另一方面，只有当这种科学的教学程序和合理的教学方法运用到足够的程度，才能激发起孩子们希望了解汉字的好奇心。中国传统教育讲求"不愤不启，不悱不发"，孩子们有了这种好奇心，才能在感性识字的基础上，提高对汉字的理性认识。所以，提高汉字教育的科学性是十分必要的，教学的科学性不是仅仅为了识字教学的数量和速度，更重要的是要把汉字作为一种表意文字的科学理念注入到孩子们的心中。汉字教学的导引一定要按规律

进行，才能完成为汉字教育奠基的使命而有利于学生的终身学习。

教学是否按科学的方法和程序进行，效果是完全不一样的。但是由于这种潜在的教学质量不能明确地表现出来，所以不能引起老师们和教材编写者的重视。根据近年对小学识字教学的调查和了解，我们认为教学的科学性不仅仅是教法的问题，更重要是学理的问题。关注教学技巧固然很重要，但教师在学理上的精透和丰富应当是更为重要的。学理指的是在对汉字的科学认识基础上必须把握的规律，所谓"教无定法，教有定则"，学理就是需要遵循的"定则"。汉字教学科学性的体现是多方面的，首先需要从科学选择初期积累字入手。

周有光先生提出了一个"汉字效用递减率"，做出了下面一个效用递减的模型[①]：

字种数	增加字数	合计字数	覆盖率
1000		1000	90.000%
1000	1400	2400	99.000%
2400	1400	3800	99.900%
3800	1400	5200	99.990%
5200	1400	6600	99.999%

这个模型告诉我们，1000个汉字已经能够覆盖现代汉语阅读文本的90%，再加上1400个字，达到2400个字，覆盖率增加了9%，

---

① 详见周有光：《中国语文纵横谈》第四章第二节，《周有光语文论集》第二卷，上海文化出版社2002年版，第109—110页。

达到99%。又加上1400字，达到3800字，覆盖率达到99.9%，仅仅增加了0.9%……以后依次递减。我们可以用下面的函数图来表示效率递减的状况：

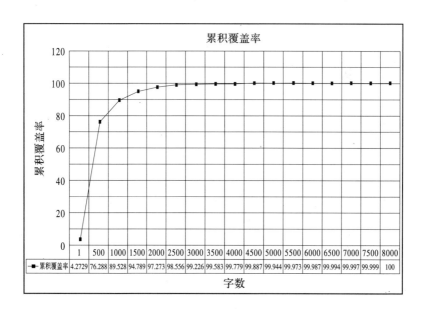

图2　字频与覆盖率关系图

上图[①]是利用9200万字平衡语料库[②]实际测查出的字频与覆盖率的递进关系。从这个实际测查的函数关系中，完全证实了周有光先生的推测。

---

①　见周晓文、王晓明：《数理统计法在汉字规范中的应用》，《语言文字应用》2008年第2期。

②　该语料库按年代、文本体裁、内容主题、类别等多方面平衡的原则，收录1919—2002年的语料9200万字符，除去其中掺入的文言部分，其中纯汉字4700万字，不重复的汉字8181个。其后语料仍持续增加。

识字教学的初期，在没有其他凭借的情况下讲解课文同时识字，一般要借助6到7岁孩子良好的记忆力。教材的编写人员和老师会产生一种错觉，认为孩子们去记忆任何字花费的力气都是一样的，不会考虑初期识字选择一个字的应用效率和对以后识字的推动作用。其实，就汉字的应用价值而言，覆盖率高的字使用频度必然高，用同样的时间和精力，教一个常常遇见的字和教一个不常遇见的字，哪一个更为"合算"，这是容易得出结论来的。把一些很少使用的字又没有带动作用的字放到一年级甚至第一册教材里，有时候是出于阅读课文思想感情表达的需要，但是在教学时对低频字和高频字用同等的力气去教学，甚至以阅读为唯一的目的对难字更加着力去疏通，对识字教学的短效是不"经济"的，对以后教学的长效，更会产生潜在的不利因素。为了使孩子们的识字一开始就进入科学的轨道，让他们的成就感不断增加，记忆力更少浪费，选好第一批教学的基础汉字，是非常必要的。

2.选择初期积累字的综合条件

（1）字频高，对语料的覆盖率高

选择初期积累字需要有科学的标准。这个标准首先是字频和字的覆盖率。在以阅读为中心的汉字教学中，如果仅仅关注的是教材课文的阅读，而把识字完全变成课文的附庸，碰见什么字就教什么字，这种教学会产生两方面难以解决的问题：一方面，课文是以思想内容和词语对儿童的难易来选择编排的，字的出现是无序的。由于汉字和汉语词汇的难易度并不一致，如果课文的选择编排完全不考虑识字，就会出现词易而字难的现象。另一方面，刚刚进入书面语学习,阅读必须依赖识字。零起点的识字要想巩固所学,必须在较短的时间段中多次重复。如果初期学习的课文没有机会多次重复,遗忘率必然大大增多。要想选择复现率高的字,就要从字频和字对语料的覆盖率入手。从上图可以看出,在字频将近1000位的段落中,汉字效用的增长十分迅速,而当字频达到将近2700位时,汉字效用的增长已经非常缓慢了。所以,选择初期积累字要在字频1000位内的字中去选择,才更为有效。这里必须说明的是:上述字频统计的语料库,是成人阅读的语料库,而低年级学生阅读的语料,与成人的差距是很大的。成人阅读的语料库是根据普遍社会应用层面来确定的,基础教育识字教学的字频统计,应当采用专门研制的语料库。我们可以列举9个字,比较以下三种语料库中不同的字频排列:

表8 三种语料库字频排列举例表

汉字抽样 字频来源	中	国	发	年	成	种	分	体	物
9200万字平衡语料库频次	13	21	29	33	43	50	52	73	80
教育与科普综合语料库①频次	9	26	31	39	24	37	36	38	18
适合低年级儿童文学语料库②频次	132	156	103	223	119	251	299	541	264

从上表中我们可以看到,表中的9个字,在9200万字平衡语料库和教育与科普综合语料库中的频次,都比较靠前,但二者也有比较明

---

① 该语料库为收1951—2003年的中小学通用教材及科普读物语料404万字。

② 该语料库为北京师范大学儿童文学专家陈晖教授主持研制,收适合小学一二年级儿童阅读的各种体裁文学作品570万字。

显的差距；而在适合低年级儿童文学语料库中的频次，要靠后得多。这是因为，6到8岁儿童的心理词典，与成人用词是有较大差距的。

（2）选择儿童心理词典中存储词的用字

汉字是记录汉语的，认字不仅仅是能够指认某个字形，必须把字形与语音、语义关联起来才有价值。换句话说，完整的识字过程，是把汉字的形体和词语的音义全面联系起来，也就是要全面完成把口语转化为书面语的任务。因此，学习汉字必须依赖语言习得，而且是滞后于语言习得的。特别是在突破零的阶段，学生先从口头上会用这个词，才能进一步认识记录这个词的字。最容易接受的字是书写儿童已经会说并能够理解使用的词的字，也就是书写心理词典中已经存储的词的字。

心理词典指的是已经成为语言能力、可以用来思维和交流思想的词的汇集。它是随着生活经验积累起来的，所以与年龄和环境有直接的关系。每一个人的心理词典都不尽相同，但一定年龄段、生活环境大致相同的儿童，可以有一个具有社会共同性的高频词词典，书写这个词典里的词的字，对儿童来说，音义是熟的，只需要把字形与词关联到一起就完成了识字的任务。

一个学生在他这个年龄段根本就无法理解和应用的词语，在识字初期，学习和记忆的难度就会增大，而且即使学会，使用的价值也会很低，遗忘的几率也就很高。例如：

妈妈、想、爱、这儿——熟词，生字，音义已经掌握，只教字形。

处理、沉思、慈祥、忧虑——生词，生字，音义不熟悉，儿童语言很少使用，如果需要，只能形音义一同教。

惆怅、苍茫、贸易、豪门——生词，生字，词语意义对儿童
是超经验的，基础教育阶段很少遇到，遗忘的几率很高。

上面的例子是要说明，应从6到7岁儿童的实际口语中统计出
高频词表，从中获得字频，作为选择初期积累字的依据。

初期识字无可凭借，识一个字，不但要能够巩固，还要对后面
的识字有带动作用。从儿童的心理来说，识字的成就感是激励今
后学习兴趣的关键。认一个就用一个；认一个能带动好几个，才能
产生成就感。费了好大劲认识了，过了很久还见不着第二次，这是
对记忆的一种浪费。

（3）构字频度高

选择初期积累字的第三个条件是汉字的构字频度。汉字的重
现率不只表现在词汇里，还表现在它作为其他字的构件的频率，也
就是它的构字率。构字频度高，特别是做表义构件的构字频度高，
再现的机会多，还有利于带动第二阶段的学习。以儿童文学语料
库前1000频次的字作为预选，重新以构字频度排列，再度选择，可
以得到使用频度、覆盖率和构字频度都较高的字集。

构字率的重要性不但是它重现率高，不易遗忘，还有一个很重
要的作用，是培养学生在符号不断重复的情况下的归纳概括能力。
例如：“女”在儿童口语中单独出现的频率并不高，字形的象形性
也已经减弱，单独记忆它的形体是有一定难度的；但是，当对女性
亲属的称谓“妈、姐、妹、奶、姨、姑、婶、婆”等一一出现后，“女”
字的音义应当很顺利地被归纳出来。

（4）构形简单，构意明显

在同时满足上述条件后，还应当特别关注所选汉字的结构，结

构相对简单，即构件一般不超过3个，层次一般不超过2层，更有利于学习。在2—3个部件的字中，构成合体字的部件，一般应当是包含在所选字中的成字，或者是结构部首（扌、亻、氵、忄、讠等），还要优先选择构件关系有明确字理，可以从讲解中使学生产生汉字表意意识从而引起兴趣的字。例如："穿"——用牙啃出洞，"窗"也要开一个洞，归纳出"穴"，再与"家""客"比较，不但提示了"宀"是房子的构意，也为将来"穴"的讲解提供了预备的知识。

（5）适当选择虚词，以便组句

在初期积累字中，要有必要的虚词，以便组成句子。字词只有进入了句子，有了语境，才进入使用。单独的字词只是储备，是难以巩固所学的。否定副词"不"、结构助词"的"、介词"把"、连词"和"等儿童口语中的高频虚词，都是有必要选入的。

从上述条件可以看出，选择初期积累字的标准应当是综合的，是既考虑到汉字的形体结构，又考虑到汉字的构造理据；既考虑到汉字的构形属性，又考虑到汉字的记词职能的。所以要这样做，是因为基础字的作用是多方面的。有些理论主张用单一的标准来确立识字的先后，例如，有人单纯用字频来确定基础字，也有人认为独体字一定要先于合体字教，而把独体字作为基础字，还有人认为部首字都是基础字。这些说法不论对汉字的科学分析还是对汉字教学规律来说，理解都过于简单了。

哪些字适合做初期积累字呢？在高频字里，可以优先选择以下字：

首先是可以单独成词、构字量又比较大的部首字。例如：水、土、火、山、石、木、日、月、雨、人、心、手、衣、刀、斤、走等。

其次是构形不太复杂、与儿童生活关系密切、构词量也比较大的字。例如：来、去、大、小、多、少、今、明、天、地、田、门、拉、打、行等。

再次是构意明显、可以带动其他字学习的字。例如：一（可带动二、三），八（可带动四、六），花、草（可引入草头的字，同时带动与化、早有关的字），看、眼（可引入从目的字）等。

初期积累字的数量可以根据具体情况确定，如果选择精确，一般在350—400字左右，基本够用了。

3.初期积累字的使用与讲解

初期积累字选择后，需要充分利用，重点分析，讲解透彻。前面谈到，它有利于形成学生的归纳综合的思维方法。这里再举例说明它在对汉字构形系统的显示中所起的作用。例如："口"的书面语语体色彩比较浓厚，在儿童口语中的使用频度并不高，在单用时已经被"嘴"代替，适合儿童口语的构词量也不大；但是，通过它去识别"吃、喝、哈、呼、唱、叫、吹、吐"等口语高频词，它的意义很快就可以归纳出来。一个基础字在构字时可以做义符，也可以做声符，归纳声符的作用也是显而易见的。例如："青"构成"清、（事）情、请、（眼）睛、蜻（蜓）"等字（词），都是表音度很高的儿童口语高频词，对记忆语音、关联口语，特别是从这些词的读音中启示学生体会形声字的特点，也是非常重要的。

不仅如此，它还有利于在认同归纳中产生分析的习惯。例如，下面的字是需要在相同的归纳中加以区别的：

"太"与"大"比较，"少"与"小"比较，"本"与"木"比较……可以归纳二者意义的关联，同时区别语音的差异。

"京、亭"与"高"比较，可以归纳出它们的形体都来源于高的建筑物，而音义又有差异。

"问"与"们"比较，可以归纳出它们的语音均来源于"门"，但构形则"门"既可以放外面，又可以放在右边。

"扣"与"吃、唱、叫"等字比较，可以分析出同样一个"口"，构字时有的采用了它的声音，也有的采用了它的意义。

有意识的比较，不仅仅是在联系中巩固所学，更为重要的是积累理念。在小学一二年级阶段，直接讲授汉字构形规律是没有必要的，但通过汉字的具体分析和不断积累启发学生感悟汉字的特点和规律，使他们理解汉字、热爱汉字又是必须做到的。

初期积累字选择得准确，汉字教学的效率和质量都会有很大的提高，但在教材编写时，特别在编选一年级的课文时，这是一个非常容易忽略的问题。教材应当有意识的将容易而有用，又能够带动后一阶段学习的汉字，有计划地编进课文，并对这些字的汉字教学有计划地进行提示。只顾阅读、让识字附庸于阅读的做法是不利于基础教育总目标的实现的。

初期积累字有多少可以起到应有的作用，经过测查，大约300—400字左右较为合适，在一年级的两册语文课本中选择300—400字精讲，对教材编写和课堂教学都不会产生困难，也正因为选出的字数量不多，对科学性、有效性的要求也就越高。不过，汉字属性的研究日渐成熟，教学经验也有较多的积累，利用语料库和计算机数据库来综合选出这些初期积累字，应当是可以做到的。

二、科学讲解汉字的字理

字理就是我们前面讲到的构意。汉字是表意文字，早期的汉字大多是根据汉语中与之相应的某一个词的意义来构形的，这种根据某一个词的意义来设计字形产生的构意，对汉字形体的构造具有可解释性；所以，分析汉字必须构形与构意同时分析。

讲解字理是小学识字教学不可或缺的内容。在进行字理教学时，有三个重要的问题需要解决：首先是，我们讲解字理的目的是什么？很多老师认为，是为了激发学生的学习兴趣，使汉字教学不要太枯燥，这种认识是否正确？是否全面？第二是汉字的字理讲解有没有科学性和客观性？是仅仅从激发兴趣出发随意发挥呢，还是必须遵循一种科学的规律？第三是如何进行字理讲解？这种方法的适应性是什么？是否有必要把"字理教学"当作一种"流派"来推出？以下要讨论的主要是这三个问题。

1.字理教学的意义和作用

在小学识字教学阶段，适当讲解字理，的确能够提高学生的学习兴趣。但是，字理教学的作用远不止此，只有深入体会字理教学的作用，才能更自觉地做好这项工作。

（1）讲解字理的重要目的，是使学习者对汉字的表意性质有所体会，而认识汉字的表意性，是把握汉字科学的最重要的前提；因为，作为表意文字的汉字，与大家熟悉的外文比如英文，在书写和应用上都不相同，理解表意汉字的特点，才能对汉字有清晰的感觉和正确的理念。可以说,汉字的一切规律都建立在这种书写符号的表意性上。小学识字教学是汉字教育的正常开端,从一开始就培养学生对汉字正确的感觉和认识,使他们对汉字的构造充满了探索的兴趣,喜欢认字和写字,是一个很重要的教学目标。这个教学目标是在字理教学中潜在完成的。试想,当孩子们发现那些横竖撇点折毫无意义交错着搭成的符号,原来是自己熟悉的物件经过几千年演变成的①:

日　月　山　龍(龙)　禾　角　車(车)　貝(贝)

　　当他们知道,书写那些称谓自己女性亲属——姐姐、妹妹、妈妈、阿姨、姑姑、婶婶、奶奶、外婆……的汉字左边或下面都有一个"女"字的时候,他们还会忘记那个不很规则的"女"字吗?

　　一旦他们饶有兴趣地推测所见汉字为什么这样构形的时候,他们对表意汉字魅力的体验也就不用老师去深说了。

　　(2)汉字的构形是一个系统,每一个字的设计都不是孤立的,只有讲解字理才能让学生看到这个系统,让他们时刻关心字与字之间的联系。他们会看到从"艹"的字都是草本植物,而从"木"的字都是木本植物。在这个事实中,他们将体会到古代形声字的归部与现代科学研究的成果如此一致,说明古人已经有了植物分类的意识。他们从"继—续"、"缠—绕"、"缔—结"……都从"纟"的字形中,能思考出这些组词的字的关系和差别。引导他们思考

---

　　①　以下字形均为金文。

"均"与"匀"、"究"与"九"、"梢"与"小"……字形与字义的关系，可以启发他们对形声字与声符关系的探讨。在一个个关系的探讨中，他们会懂得建立字与字关系的重要性，养成不孤立去看单个汉字的习惯，而是在字与字的真实关系中用此字去解释彼字。这里面就潜藏着汉字构形系统论的思想观念。

（3）字理是联系字与词的纽带。目前小学的识字教学都是与阅读教学同步进行的，讲字形需要单独设立汉字教学的模块；而词义的讲解却是在阅读的课文中进行的。这就决定了，讲字与讲课文能结合起来，才会有事半功倍的效果。为了说明字理是联系字与词的纽带，这里需要介绍两个汉字学的术语——一个是"实义"，一个是"造意"。"实义"是词进入语境以后用来表达思想的意义，也就是通常我们所说的词义。"造意"则是汉字形体构造中体现出来的造字意图，"造意"是"实义"的可视化。造意是字义，实义才是语义。造意和实义在有一些字与词里是统一的。比如：

"江、河、湖、海"从"水"，它们都是水流或水域。

"梅、柳、橘、棠""栋、梁、楣、橼"都从"木"，前一组属于木本植物，后一组属于土木结构建筑物的木质构件。

"忧、愁、思、想、憎、恶、愤、怒"都从"心"，它们都是心理活动。

这些字的造字理据与它们的词义完全一致，可以凭着字的形体理解和记忆它们的词义。教字也就同时教了词，汉字教育与阅读中的词汇积累同步完成，一举两得。

但是另一种情况就不同了。有一些造意与词义——特别是现代汉语的词义只有一种折射作用，如果不从分析字理入手来转向词义，是难以通过字来理解词义的。例如：

> "理"字从"玉"，但解释这个词的词义并不能够很快与玉联系上。通过它的造意分析，才能明白它取象于玉的原因——因为将玉雕刻成玉饰或玉器要顺着玉的纹理从事，治理、整理、理顺等意义都是一种条理化的行为，治玉是这些意义所选择的相似的典型形象。
>
> "解"字从刀，从牛，从角，它所具有的解开、解脱、解散、分解、化解、溶解、融解……等意义与刀、牛、角并不能直接联系到一起。分析它的造意，从用刀来解剖一头牛的取象中，可以得到将结合的事物分解开来的意义，解牛是它的造意，分解的词义由造意中可以体现出来。

从上面的例子可以看出，词义（实义）具有广义，也就是人们常说的具有一定的概括性，而字义（造意）是词义的具体化，是从词的广义中选择一个单一的、可视化的典型形象来完成对广泛词义的表现。经过字理的分析，将具体的造意与广泛的实义沟通，也就是把字与词联系在一起，可以达到既能了解表意的汉字，又能理解语言的词义的双重目的。这正是阅读与识字"双赢"的做法。

（4）讲解字理，可以增强学生的想象力，提高他们学习汉字的兴趣，把枯燥无味的识字、写字课，变得活泼、生动、快乐。在汉字的字理中，存在生动的生活形象，含有古代的文化知识，要学生诉诸认知的心理，发挥自己的联想能力，得到前所未有的新鲜知识。

有人为了增强汉字教学的趣味性，常常违背汉字构造的科学规律编一些歌谣来乱讲汉字的形、音、义。应当看到，汉字构形与构意的科学规律，为增强教学的趣味性提供了足够用的条件，在汉字科学指导下教学，可以发掘的趣味性是很多的：兴趣来源于汉字的形象性。在讲解独体象形字的时候，古文字的形体可以作为背景，帮助识别和记忆。兴趣来源于汉字的可解释性和可联系性。例如，从"财""购""贸""货""贵""贱"……等字中可以归纳出"贝"字，又可以用古代以贝为货币的历史来解释它们从"贝"的文化背景，然后可以把这批字与商业活动联系起来，知道它们的表义构件所表示的类别。能够恰当运用汉字的科学属性，产生的兴趣才是有意义的。

2.汉字字理的规律和字理教学的科学性

讲解字理有重要作用，但在教学中，也常常发生乱讲汉字的现象。有人认为，现代汉字已经没有理据了，可以随便讲，怎么讲都是对的，只要能讲得让学生记住就行。这是一种错误的认识。汉字学是科学，汉字的讲解必须是科学的，不科学地讲解汉字，肆意而为，造成思想混乱，会使学生的文化素质下降，而且不利于他们的继续学习。字理教学的科学化问题需要强调。

下面几个原则，是讲解汉字时必须遵循的：

（1）汉字是由构件组合而成的，每一个组成字的构件，都已有确立的形、音、义，讲错了部件的形、音、义，就会使整个字的讲解发生错误。例如：

韭菜的"韭"，像一把多年生的草本植物长在地面上，下面的"一"象征地，上面的"非"像可以一次次割下来丛生的韭菜。有些人因为"韭"上的"非"与非常的"非"外形一样，硬把它讲成"不是（非）只有一根，而是一大片"；却把从"非"的"悲"讲成"心里像长了韭菜一样悲哀"。①

这种讲法硬把韭菜和"否定"拉扯在一起，已属荒唐；再和悲哀的感情拉扯在一起，更是离奇。照此讲下去，"排"岂不是变成"手拿韭菜"，"绯"岂不要变成"丝捆韭菜"？

（2）汉字的部件在进入构字后，就具有了或表示字音、或表示意义、或是古文字时期象形字的楷化，或起区别标示作用的功能。解释汉字必须依据它们的客观功能。讲错了或曲解了部件的功能，就会使整个字的讲解发生错误。例如：

"饿"字中的"我"，是表示字音的部件，但有些人硬要把它讲成"我要吃（食），因为我饿"，把"我"曲解为表义部件。②

这种把示音构件的"我"讲成第一人称的"我"的错误讲法，会使学习者对从"我"的一系列形声字进行类推，"俄""娥""峨""鹅"的讲解，就会被类推成"我的人""我的女儿""我的山""我的鸟"，岂不把学生引入歧途！汉字是以形声字为主体的，示音声符和表义义符都对形声系统起归纳作用，把具有示音功能的构件讲成表义构件，就会扰乱形声系统，造成讲了一

---

① 参见安子介：《解开汉字之谜》（简缩本），香港瑞福有限公司1990年版，第465页。

② 参见章炳麟：《国故论衡·转注假借说》，商务印书馆2010年版。

个,乱了一片的严重后果,反而增加了识字的困难!

（3）前面说过,汉字的构形意义（造意）是反映词义（实义）的。而实义又是在语言环境中体现出来的、可以检验的意义。讲解汉字字形的根本目的是解释词义。现在有一些社会上的人借讲解汉字发挥某些文化理念,为了附会自己说教的目的,提出一些没有根据或似是而非的说法,乱讲本义,对识字教学的冲击很大。例如:

> "和"的本义是"唱和",在古代,"唱"是领唱,"和"是和声。"禾"是表示声音的部件。有人把"和"中的"禾"解释成代表粮食,"口"代表人,说明有饭大家吃和大家有饭吃就是"和",还说"这个字代表了民生问题"。完全曲解了"和"的本义。
>
> "國",外面从"囗"（读wéi）,里面从"或"（应读yù）,是域的古字,以疆域代表国家。简化字里面改成"玉",就是改用一个笔画更少的"域"的同音字。有人却把"國"讲成:外面的"囗",是一个国家的领域,包括领空、领海、领土大陆架。里面的"口"是指人的口,也是指每个中国人,而"戈"有三层含义,一是指劳动工具,中国每一个人都会用勤劳的双手创造出物质财富;二是指有识别能力,中国人能够分辨出善恶美丑;三是指武器,当有人侵略我国领土时,人人都会拿起武器奋起反击。①

---

① 参见李土生:《土生说字·政治篇》,人民日报出版社2006年版,第67页。

　　这种利用讲字进行说教的办法,如果符合字理,也许有一定的好处,但没有根据的牵强附会对小学识字教学是有害的,如果学生问:"国"字难道是"中国"专用的吗? "美国""德国"……的"国"也可以这样理解吗? 讲解者将何以对答?

　　（4）由构件构成汉字,大部分是依层次逐级组构的,字理是逐级生成的。小部分是一次性平面组构的,以集合的方式产生字理。在讲解汉字时,必须按它们客观的组合方式来进行,也就是说,既不能把层次结构讲成平面结构,也不能把平面结构讲成层次结构,否则就会发生错误,而人们常犯的错误是不懂得汉字结构层次生成的道理,见一个构件讲一个构件。例如:

　　　　"照"的组构是依层次进行的,可以用下列结构式表示:[（刀＋口）＋日]＋灬,有人见一个部件讲一个部件,把"照"字讲成"一个日本人,拿了一口刀,杀了一个中国人,流了四滴血"。这个讲法犯了多种错误,不但扭曲了"照"的本义,掩盖了"照"按层次组合的结构方式,还把表示声音的"刀",表示意义的"日""口""灬"统统讲错,严重违背了汉字讲解的科学性。

　　（5）汉字的结构单位是构件,笔画只是书写单位,除了少数笔画同时也是构件（单笔构件）外,是不能用笔画来讲解字理的。例如:

　　　　"佛"字从人弗声。有人这样讲其中的"弗":"佛"的右半部分由"弓""丿""丨"组成,"弓"字弯弯曲曲,喻示从凡间到极乐世界的路不是一帆风顺的……"弗"中之"丿"为邪，"丨"为正，"丿""丨"穿"弓"而过，表示不论是正人邪人、善人恶人，只要能弃邪归正，弃恶从善，摒除"贪""嗔""痴"，向往"真""善""美"，均可成佛。[①]

不论这番话讲佛如何，就讲字而言，实在荒唐。如果"丿"为邪，"丨"为正的说法能够成立。"井""并""开"……中的"丿"和"丨"如何解释？即使是同样的"弗"字，"拂""沸"又如何解释？这种说法让不明字理的成年人听了，也会感到困惑，搬到小学识字教学里，冲击了科学识字教学，危害是不言而喻的。

上面举了一些错误非常突出的例子，为的是强调用汉字构形的科学规律，来说明讲解汉字的规则，也说明学习和掌握科学汉字学的重要性。

3.讲解字理在识字教学中的适应性

这里，还要说明字理教学的两点适应性。首先需要明确的是，汉字构形是发展的，现代汉字经过隶变、楷化的过程，出现了一批黏合、省简、变形、错讹而部分或全部丧失了理据的字，这些字必须上溯它的形源，才能讲得清楚。例如"春"，篆文从"艸"，从"日"，"屯"声，在隶变中，它的上部逐渐黏合简化，无法讲解了。要想讲它，必须溯源。有人把"春"讲成"三人一起晒太阳"，这就是强以无理为有理了。现代汉字全部或局部丧失理据的字很多，只能通过溯源来理解它的原初理据。我们不提倡在基础教育阶段提倡讲

---

① 李土生：《土生说字·宗教篇》，第77页。

古文字，所以，字理教学能够适应的仅仅是一部分字，不是每个汉字都要讲解字理。

其次，讲解字理其实是以字讲字，在系统中讲字，在初期积累阶段，学生识字还不多，是很难讲解字理的。讲解字理一般要在学生识字达到一定的量时才适合进行。从这两个适应性来看，字理教学只是识字教学的一种方法，需要和其他方法配合使用，当成一种流派来推出是不合适的。当然，施行字理教学也是需要精心设计的。要讲，就要科学讲解，有程序地系统讲解，不要违背汉字构形规律，不要把汉字系统讲乱，要为学生进一步的学习打下良好的基础，并且培养学生科学的汉字观念，所以，这是提高学生文化素养的一个非常重要的方法。

三、充分发掘历史文化在构意讲解中的作用

文字与文化的关系是文字学和文化人类学的交叉课题，对于汉字这种表意文字来说，文字与文化的关系尤为重要；因为，如果没有文化因素的介入，不论从总体上还是从每一个汉字个体上，都无法准确深入地理解汉字。

在汉字教育里，发掘和正确讲解汉字构意中的文化内涵，不但可以使学生更深刻地认识汉字，还能因此引发学生学习汉字的兴趣。

历史文化在构意中的蕴藏，表现在下面几个方面。

1. 早期象形字的绘形特点携带的历史文化内涵

在甲骨文中，表示动物的字原始构形理据反映人类对动物特征的认识。例如：

以上六种动物，都与古人的生活有比较密切的关系，记录它们的字形都属于独体象形字。本着汉字造字区别律的原则，它们的构形必须具有一定的可供分辨的区别度；然而文字要为形象大同小异的字构建具有区别性的字符，必须把握这些动物的特点。这些象形字，"象"突出长鼻，"虎"突出利齿，"鹿"突出角，"豕"（猪）突出腹，"犬"突出翘尾，"马"突出奔跑扬起的鬃毛。文字的设计反映了古代人狩猎和畜牧的生活，他们不但对野生动物的驯兽能够细微观察，就是对一些猛兽也有近距离接触的生活经验。

又如：金文的"番"作 畬 ，义为兽的足迹，上从"采"（biàn），下写"田"，田是兽足的形状。其实，"采"是"番"的古字，《说文解字》中"采"与"番"已分化。"番"仍训"兽足"，古文作 畬 ，"采"则训"辨别"，而且"读若辨"，也就是说，古代文献不写"采"而写"辨"。从汉字构形可以看出，从"采"从"番"的字都有"仔细观察""分析"等意义，如"审（审）"当"仔细辨别"讲，"释"当"分别物类"讲，"悉"当"详尽明白"讲……这些都可以看出"兽足"和"分别"意义之间的关系。古人靠辨别各种足迹来得到鸟兽活动的信息，避猛兽而猎获食物。《说文解字·叙》："见鸟兽蹄迒之迹，知分理之可相别异也，初造书契。"鸟兽之足迹让人们逐渐懂得，不同的图像纹路可以表示不同的事物、意义，从而得到象形文字的启发，是合乎事实的。

2. 表义构件携带的历史文化内涵

汉字的构意取象来源于古代的生活实践经验，表示类别义的构件构字量的多少，带有历史文化的信息：构字量大，也就是在事类场①里产生汉字的密度较高，说明这一事类与人类生活密切相关。例如：前面说过，《说文》小篆反映了周秦、两汉时代的文化，"艹""木""竹""禾"是《说文解字》中表示植物的四个大部首。它们所辖字的总数达 1195 字，约占《说文解字》总字数的 12%，植物场密度加多，是因为中原地带在周秦、两汉时代的生产已经进入农耕为主，人类生活与植物的关系更为密切。四个部首的划分说明了很多问题：一方面说明古人对草本植物与木本植物已经分得很清。在草本植物中，自然野生与人工种植在人们心目中已经有了明显的区别。草本与木本两方面的动词也已经分立了：种树叫"植"，取木本植物直立的特点，种庄稼叫"种"，取用种子散播或点播的特点。竹，现代归禾本科，分布在亚热带地区。《说文解字》解释作"冬生草也"，可见也是把它看成草本植物。《竹部》的确立说明，中国南部长江流域的文化已经与黄河中下游文化有所交融。又如："张""弛""引""發（发）""弯""弢""弧""彊（强）""弱"……都从"弓"。"转""运""军""辖""轴""轻""辅""输""轨""斩"……

---

① 事类场是把同一事类的字或词聚合到一起形成的类聚，事类不等于义类，它是按生活事实来分类的，可以随着研究的需要随时确定范围。例如：可以确定商业为一个"场"，也可以确定"购物"为一个"场"；可以确定"农业"为一个"场"，也可以确定"播种"为一个"场"等。

都从车,而且很多常用义由这两类词引申,可以看到周代驾车与射箭的重要——周代"六艺"为"礼乐射御书数",驾车与射箭既是战争的重要手段,又是一种经常施行的礼仪,还是一种必要的学习、考试科目。

表示个别义的义符有的也含有历史文化的内涵。例如:"独"从"犬","群"从"羊",这是放牧的生活图景:牧羊犬只有一个,而被放牧的羊则是成群的。"突"的造意是犬从洞穴中突然窜出,这是猎犬的形象。"默"也是猎犬的形象,在猎物面前,猎犬不但窜出很快,而且在等待猎物时是不吠的。

3. 汉字历时发展中反映的历史文化内涵

表意文字形声字类别的变化,往往反映出社会的发展。例如:在小篆里,器具中从"鬲"的很多。"融""䰞"都从"鬲",因为它们主要是陶制的,后来"融"写作"锅","䰞"写作"釜",字都改为从"金",反映了青铜器时代的文化信息。陶器已经很少使用,器皿以金属制品为主了。

小篆"又"与"寸"的分立,也反映制度带来的观念变化。表示酒器的"尊"甲文写作 ，金文作 ，加上"八"表示酒倾而出。小篆承袭金文,而将下面的两手改为"寸"作 ，这是因为古人以酒器定位,"尊"已发展出"尊卑"之义,而小篆中的"寸"含法度之义,改从"寸",正是适应"尊卑"义而为之。同样,表示酒器的"爵"因像雀形而名,甲文、金文都是象形字。小篆作 ，上半部是金文的变体,下从"鬯",表示盛酒,从"又",以手持之,以后也改"又"为"寸",仍是为了适应"爵位"这种等级制度的变化的。我们可以看到,很多应当从"又"的字,都是表示用手操作的事物,到周秦时代的篆隶中,有相当一部分演变成"寸"了,除"尊"字外,还有"封""射""尉"等,小篆新造的"耐""寻""导""辱""寺"等字也从"寸"。这也是因为"寸"的构意表示法度,周秦的等级制度使法度观念被引进造字,才产生了这种构形的演进。这种变化,是社会变化与人的意识变化的反映,可以从中观察汉字携带的文化信息。

汉字的分化孳乳,既受语言的推动,又受文化的制约。例如:"享"字甲骨文写作 或 ,像宗庙之形,本义是进献祭物。《说文解字》有 与 两形,解释作:" ,献也。从高省,曰象进孰物形。《孝经》曰:祭则鬼享之。"汉代以后,这个字逐渐分化为三个形音义不同又互有联系的字:(一)"享",音"许两切",今读xiǎng,具有"享献"与"享受"两方面的意思,符合汉语施受同词的特点。(二)减一笔作"亨",音"许庚切",今读hēng,主要意义是"亨通",通于上即得到鬼神的福佑,所以引申为"顺利""运气好"。(三)加"火"作"烹",音"普庚切",今读pēng。这是一个后出分化字,专门承担"烹饪"的意思。三字的分化充分反映了古代烹饪的重要特点,即:供给活人膳食与供给鬼神祭品是烹饪的两大目的。"享献"与"烹饪"用字的同源,并不是这两个意义的逻辑上的相通,而只是因为某种文化现象而相关。

4.意义相关的汉字构形与构意反映出的文化观念

将语言意义同类的字联系在一起,比较它们的构形与构意,有时可以看出文化的观念。以味感字为例。甲骨文中的"酉"是酒的本字,"鬯"是古代祭祀用的香酒,所以"酸"与"酸"(辛)构形都与酒有关。"鹹"与"盬"(苦)构形都与"卤"即盐有关,说明这两个系统的味感都是从实物中体会出来的。唯有"甘""甜"从

"口"从"舌"，是无味之味，也就是一种经过协调没有不适之刺激的味感。我们可以因此理解五味的系统：甘（以及后来发展出的"甜"），是本味，原味，入口无刺激，似乎无感觉而实际上是一种舒适感。《春秋繁露》说："甘者，五味之本。"《淮南子·原道》说："味者，甘立而五味亭矣。"《庄子·外物》说："口彻为甘。"酸、辣、咸、苦都是别味，入口有刺激感。所谓调味，指中和多种别味，使其适中，达到"和"的高标准。在五味中，甘与其他四味的总体形成对立，又与其他四味分别对立：甘与咸是调味的增减因素，加盐则五味均可加浓，调以甘滑则五味均可淡化。甘与苦是调味的疾缓因素，所以有"甘而不固""苦而不入"之说，甘与酸不但表现在调味上，还表现在果实的生熟上，果熟则甜，果生则酸。上述味感字的构形特点，恰恰表现了已经形成的词义系统。在这里，汉字可作为上古中国人分辨五味观念的确证。

　　需要说明的是，汉字可以在不同程度上存留历史文化和造字时人类观念的痕迹，这是汉字的表意性质决定的。这些历史文化信息一般存留在一个或一组汉字的构形理据之中。但是，造字属于不同时代，随着构形和语义的发展演变，各种不同字样的形体中的表意成分也会随着时代发生变化，即使是今天所见的甲骨文，也未必是最早的汉字，每个字样造字或演变成的准确时代难以确考，它对历史文化的见证作用就难以作为一种科学的证据，最多可以是一种假说。汉字的构形不是照相，而是一种特征的勾勒，必须有较多的雷同，才能够归纳出一点信息，而且是笼统的信息，想到字形中去找故事，去证明具体的史实，是很难做到的。何况，构形反映出的文化信息，只有在对具体意象的描述时，才能做到；而汉字的构形系统逐渐向形声化发展，一切都渐渐概括、类化，信息量还要逐步减少。对汉字携带历史文化信息求之太过的情况，比比有之。例如，有人以为甲骨文中有很多字是表示阶级斗争的；也有人认为汉字很多字形描述了伯夷、叔齐不食周粟的故事；有人说，《说文解字》的《山部》《水部》字中暗含了河图洛书的真意……这些都是无法验证的说法，也违背汉字的实际。夸大汉字对历史文化的解释作用，在例证不足、文献依据不足的情况下，凭着个别的字形，猜测编造似是而非的故事或者附会某一具体史实的做法，是不足取的。要利用构形与构意的科学知识，学会判断材料，恰当地处理材料，准确地开掘有意义的现象，不要夸大方寸之间的汉字证明文化的作用，才能避免产生没有根据的荒谬说法。

还需要说明的是，汉字构形构意与历史文化的关系，一般适合在有了一些历史知识的高年级讲解，涉及古文字字形，应当只讲，不要求记和写，以免增加学习负担。